こんな時親鸞さんなら、こう答える

妙慶尼さんの元気エッセイ

「思い込み」を捨てる48のヒント

川村妙慶 著

教育評論社

まえがき

はじめまして、僧侶の川村妙慶です。

この本を手にとっていただきありがとうございます。

さて「法話」「説教」という言葉を聞いて、あなたは何を思い浮かべますか？

『岩波仏教辞典』では、「説教」とは「経典や教義を説いて民衆を教化すること」とあり、その異名の一つが「法話」です。「説教」は「仏の教えを説く」ことでしょうし、「法話」は「仏の法を話す」ことでしょう。つまり、〝お坊さんが仏教・仏法について人前で語ること〟が「法話」であり「説教」です。

日本で「説教」という言葉が使われたのは聖徳太子時代だそうです。法話スタイルは法然（ほうねん）上人・親鸞（しんらん）聖人から確立されたそうです。

それまでは、説教というものは僧侶の世界だけのものであり、高僧が学僧に説くという形式で終わっていました。そうなると一般の民衆に教えは届けられませんよね。

そこで法然上人、親鸞聖人のころに、〝民衆〟に説教するということがはじまったのだと思います。これは画期的なことなのです。

しかし、親鸞聖人がなくなられてからは本願寺に参詣する人もまばらとなり、本願寺は衰退の道をたどります。そこで本願寺第八代の蓮如（れんにょ）上人が、浄土真宗教団において「説教・法話」をもう一度復興されました。そしてそれは、節談説経や落語までに広がっていきました。

この本は、まさに法話の文字版と言えるでしょう。

さて、私たちの生活になぜ仏教が必要なのでしょうか。それは、人間は自分の力で自分を発見することができないからです。お化粧をするのも、身だしなみも、みんな鏡を通じてしか見えません。これと同じように、私たちの心も自分の目では気がつけません。なぜなら私たちの目は自己中心的にしか自分を見ることができないからです。そこでお経（法）の言葉が鏡となって私たちの姿を照らし出してくださるのです。

自分のことがわかればとても楽になります。

生きることのたしかさを見出すことができます。

「これが私なんだ」と歓声があがります。嘘でもなんでもありません。ぜひ、試してみてください。効能は死ぬまで続くでしょう。効き目のないという人はそうとう重症です。

この本があなたにとって人生の大切な一冊となりますことを願っています。

もくじ

●ステップ1　愛に裏切られた時のヒント

●ステップ2　運命に逆らいたくなった時のヒント

●ステップ3　自分がわからなくなった時のヒント

●ステップ4 人間関係に迷った時のヒント

●ステップ5　幸福を手に入れるヒント

装幀・デザイン＝髙田真貴

●ステップ1

愛に裏切られた時のヒント

1 冷たいそぶりは関心があるからです

いつも顔を合わすあの人が冷たいそぶりをする、好きなあの人が急に冷たくなった、そんな時、「私は見放されたの？」と寂しい気持ちになります。しかし、それは相手が「冷たい」という態度で何かを訴えているシグナルです。

私の元には毎日、約二百通の悩みメール、お手紙がきます。その中でも人間関係で悩んでいるという方が三分の二を占めます。会社での人間関係、家庭での親子関係、恋人関係、友人との関係などです。

人の間と書いて「人間」、人間は一人では生きていけません。誰もが、それぞれの関係の中でつながっています。どんな人とでも仲良くつきあえたらいいのですが、そうはいきません。人間には「心」がありますから、機嫌のよい時、悪い時が日によって違います。ましてや冷たいそぶりをされると、気になって仕方ありません。

人間の心はお天気と同じです。曇り空のように、気持ちまでもどんよりと暗くなる時もあれば、何かのきっかけで、さわやかな晴れ晴れした気持ちになることもあります。私たちの心も常にコロコロと転がっているのです。

こうした心の状態を、仏教は諸行無常というお言葉で説明しています。たとえば空をじっと眺めていると一瞬にして変化していきます。同じ空の模様は二度と見られないということですね。無常とは、「常」が「無い」ということです。すべてのものが変化し、留まることのない事実を教えてくださっているのです。

人間も自然の中で生きる動物なのですが、「人間だけは常に同じでいてほしい」と思ってしまうのです。そして、それが打ち砕かれた時、「この人から一生、冷たくされる」と思い込み、その思いを、自分の心の中で引きずってしまうのです。

会社の上司が怖く、冷たくて辛いという方がよくいます。そもそも上司というのは常に責任という荷物を背負っています。また、部下の尻ぬぐいをするのが上司です。そんな不安、イライラを、ついつい部下に当てつけてしまうのでしょう。

冷たいそぶりをしてしまうのは、相手を意識しすぎているからです。意識がそういう態度で表れるのです。子どもが親に反抗することにも同じことが言えます。

現実を見る勇気のなさ、自分に自信が持てないために、その臆病さを見抜かれたくないと、表面上、強ぶってみたり冷たくしたりするのです。

仏教では「因縁」という考えをとても大切にします。この世に存在するすべてのものは、「因（直接的な原因）」と「縁（因がどのような方向に行くかが決まる条件）」によって成り立っていると言います。

たとえば、植物の種をまくことを考えてみましょう。種はやがて発芽し、成長して花を咲かせて実をつけます。この場合、発芽の直接原因、つまり種をまくことが「因」で、十分な土、栄養、水分という周りの条件が「縁」となります。無事に実がなるためには、種をまくという直接的な原因だけでなく、まず種が発芽するという条件（縁）がなければならないのです。

ですから、相手が冷たくなったということは、どこかで冷たくなるような態度や言葉という縁の種をまいたことが理由かもしれません。

彼から「別れよう」と冷たい態度をとられた、長年連れ添った妻が急に冷たくなった、友人がある日、急に態度が変わった、などさまざまな冷たい態度があるでしょう。

でも、人間は「言葉」を交わし合う生き物です。もしかして、何気なく言ってしまった言葉が相手を傷つけているのかもしれません。また、相手が冷たい態度をとったということは、実は、あなたのこれまでの言葉や態度を振り返るきっかけをつくってくれたということかもしれません。

振り返って、もし心当たりがあれば、「あの時はごめんね。今考えてみたら、あなたの気持ちを無視していたのね」と謝りましょう。そのひと言で相手のかたくなな心が和らぐこともあります。相手の足を踏んでも、相手が「痛い」と言わなければなかなか気がつかないのが私たちです。「痛い」という態度を見せてくれたお陰で、こちらが気づかせていただけるのです。

もう一度言います。冷たさは意識の表れです。時間をかけながら心を通わせましょう。それでも相手が冷たい時は、さらに待ちましょう。相手の心が変わるのを待つしかないのです。

また、相手に好きな人ができたために冷たくなることもあるでしょう。これは辛いですね。しかし、「事実」から目をそらさないでほしいのです。

私も失恋の経験があります。結婚を約束したはずなのに、ある日「好きな人ができたから別れてくれ」というひと言でした。それから彼は電話を取らなくなりました。

私は苦しい日々を過ごしましたが、これも事実だと向き合うようにしました。すると彼の冷たさは自分勝手な行動にすぎないことがわかり、不誠実なことにも気づかせていただいたのです。今、思うことは「よくぞ振ってくれました。この人と結婚しなくてよかった」です。逆に感謝しています。冷たい相手の態度は、自分の状況を考えさせていただくチャンスでもあったのだと思っています。

クーリングオフという言葉があります。

私は彼の冷たい態度のお蔭で、改めて二人の関係を考える時間を与えてもらったのでした。

2 知らないほうがいいこともあります

「私はバカな女ではないのよ」という台詞を聞いたことがあります。私はあなたにだまされるほどボーッとしていないということが言いたいのでしょう。しかし、時と場合により、バカになりきってもいいのではないでしょうか。

私の実母は父の浮気にずいぶん悩まされたそうです。父は僧侶でもありましたが、同時に布教師（全国各地、説法をして回る）という仕事をしていました。父は話術があり、男前ということで、ファンが全国にいたそうです。年々、人気が増して、寺に帰ってこなくなりました。それから母の愛読書は地図になったそうです（笑）。

つまり、父が今どこにいるかを地図で追いながら確認し、教員の仕事が休みの日には、小さな兄と私を連れて法話先のお寺へ乗り込んで行ったそうです。そして「私は、蘇法（父のこと）の妻です。こちらは息子と娘です」と挨拶をしていたというのです。つまり、実母にしてみれば、(私たちの存在があることを忘れるなよ!)と言いたかったのでしょう。すると父は、ますます、母を敬遠してお寺へ帰ってこなくなりました。

母にとって父の帰宅は楽しみで、いつも完璧な妻を演じていたそうです。帰宅する度に、料亭顔負けの料理、子どもの教育がどこまでできているかを報告し、賢母ぶりを見せていました。

また、父が寝ている時に父の鞄を探り、浮気相手の女性が誰なのか調べていたそうです。住所がわかれば、直接、浮気相手と思われる女性の元へ会いに行ったというのです。するとその女性は、「あなたが川村先生の奥さんなんやね。聞いていたとおりキレイな人やわ! しかし川村先生はおっしゃっていたよ! あいつは賢く、何でもできる女やけど、息を抜く余裕を与えてくれないと。奥さん、心配せんかて必ずあなたの元に帰ってくるよ」とおっしゃったというのです。

その女性は港でかまぼこ屋を開き、苦労しながら子どもを育てた未亡人でした。「私、頭悪いのだけど、仏法を聞きたいのです」と、父の布教先に来たというのです。そんな力の抜けた女性を、父は求めたのかもしれません。

ある日、久しぶりに帰宅した父は「わしがおらんでもお前は十分に食べていけるな」と言ったそうです。それが父の正直な答えだったのですね。父は（お前は賢いし、自分がいなくても、一人で十分生きていける）と思ったのでしょう。

私の結婚が決まった時、母は私に「私の経験から話すが、夫が浮気しても嫉妬をおこして調べたりするなよ！　嫉妬をおこせばおこすほど相手は逃げていく。知ったために自分が苦しむことがわかった。知らないフリをすることも大切なんや。イライラした時はケセラセラや！」と笑顔いっぱいで教えてくれました。

ケセラセラ——いい言葉ですね。Que será será. 英語では"What ever will be,will be."だそうです。スペイン語で「なるようになる」という意味です。

親鸞聖人という僧侶は、こんな言葉を残されています。

「凡聖逆謗（ぼんしょうぎゃくほう）斉（ひと）しく回入（えにゅう）すれば、衆水（しゅすい）海に入りて一味なるが語如し」

正信念仏偈（しょうしんねんぶつげ）

凡とは凡夫、聖とは聖者、逆とは五逆罪（父を殺し、母を殺し、聖者を殺し、仏を傷つけ、僧伽の和合を破壊する）を犯したもの、謗とは仏法をそしるという意味です。僧伽（そうぎゃ）とはお坊さんのことです。きれいな川の水も、汚い川の水も、海に流れ入り、みな同じく塩水の味になっていくのだとお教えくださっているのです。

それは、海という仏さまの功徳が、あなたをそのまま受け止めてくださっているということ、そして、区別することのない、命となるのだよと呼びかけているのです。

如衆水入海一味（にょしゅすいにゅうかいいちみ）——つまり、あなたの苦しみも、苛立ちも、嫉妬も、時間がくれば必ずなるように治まっていくのです。あなたが抑えようとしなくても、必ず水の流れのごとく「なるようになる」ということなのです。

父が脳梗塞で倒れた時、母に電話がありました。「和子さんよ！　わしを受け入れてくれるか」と。母が「仕方ないな……」とお粥をつくっていた光景は今でも忘れません。

「苦しいよ！」と叫びたくなった時、手に握りしめている「嫉妬という小石」を、川に投げ捨ててみませんか？　転がった石は川の水の流れのまま転がり、やがて丸くなっていきます。

流れのまま、何かに導いていただいたらいいのです。嫉妬は体に残すと「毒」にしかなりません。ケセラセラでいきましょう。

3 自分でつくった理想像にしがみついてはいけません

誰しも「理想とすること、人」があるでしょう。「私はあの人のようになりたい」「この目標で頑張る」など目指すものがあってやる気も出てきます。

しかし、その理想があまりにも大きすぎると、自分の力とのギャップに悩むことにもなります。

「イメージトレーニング」という言葉をよく耳にします。ある事柄について、起こり得る場面、場合、対処方法などを、頭の中で考え、慣れておくこと、だそうです。そして、そのプラスイメージを自分に言い聞かせることで、なりたい自分になれるというのですが、しかし、これはあくまでも一部でしょう。その人のもともとの素質もあるし、コンディションもあります。私は、それよりも、「こうならなければならない」という囚われから解放されることのほうが大切ではないかと思います。

囚われという字は、人が□の中に入っていると書きます。自ら枠をつくってしまっているのです。囚われとは、「私はこうしなければならない」という思いこみのことです。

弓の弦をいっぱいに引いた状態をイメージしてみてください。力も入るし、緊張もします。余裕はありません。ただ矢を離すしかありません。矢の方向は定まっていないのに、前に飛んでいくしかないという状態です。

また、こうも言えます。「私はこうしなければならない」の「しなければならない」とは、自分の心をあてにした言い方です。そして、その「ねばならない」が続くと、結局疲れるしかないのです。

改めて言いましょう。仏法を聞くとは、つまり聞法とは、完璧な人間になるためではありません。そうではなく、「腹の立つ、欲の深い」自分と出会えることなのです。

みなさんは地獄の話を聞いたことがあるでしょう。地獄には閻魔さんが出てきます。その顔は怒りで真っ赤、眼は大きく見ひらかれてするどく、口も耳も大きい。その閻魔さんの前に、鉄棒を持った青鬼とか赤鬼が、罪人を引きずり出して押さえ込みます。

閻魔さんの前には、なんでも映し出す浄玻璃《じょうはり》の鏡が置かれています。どれほど隠し通しても、その鏡には、自分の罪業のすべてが映し出されてしまうのです。地獄の閻魔さんの浄玻璃の鏡を前にして、罪人は初めて「私は何ということをしてしまったのかと、気がつくのです」。つまり、地獄までおちなければ本当の自分に会うことができなかったのですね。

お経は称えることも大事ですが、自分の耳で聞かせていただくことも大切です。そのお経は鏡となり、私たちの心を映し出してくれます。

格好つけなくていいのです。等身大の自分と出会い、ぼちぼちやっていけばいいのです。あなたが理想としている思い込みを、一度緩めてみましょう。そうすることで、あなたらしさが発揮できるのではないでしょうか。

4 同じものを見ても違って感じる、それが人間です

茨城で親鸞展が開催されていたので、見に行きました。

親鸞聖人の画像が大きく展示されています。隣りにいた女性が「親鸞さんが泣いておられた時のお姿ね」とおっしゃいました。するとさらに隣りの男性が「いいえ、私には怒っておられるように見える」とおっしゃったのです。同じ一つの絵でも、見る人によってまったく感想が違うのです。

なぜでしょうか？　目というのはレンズの役目をしています。しかし、映した

ものを感じるのは「心」です。つまり、私たちは「心」でさまざまな受け止め方をするのです。

そして、その「心」は一定ではありません。「常」ならず、です。落ち込んだり、前向きになったりと、常に揺れ動いています。

私たちの「心」は、なぜそんなに浮き沈みがあるのでしょうか。

その原因は、外的要因と内的要因に分けられます。外的要因とは、外から受ける「言葉」や「日々のできごと」のことです。

たとえば、ある人から突然、「あんたなんか必要ではない」などの中傷的な言葉を受けると落ち込みます。しかし「いつもありがとう」と、温かい言葉をいただくと気持ちが楽になります。

昔、学生時代、あくまでもお遊びの実験で二つの花を用意し、一つの花には毎日、「素敵だね！」と愛情を込めて言葉かけをしたのに対し、もう一つの花には「醜いね」など、トゲのある言葉を発してみました。すると優しい言葉かけをした花のほうが数倍長持ちしたことがあります。

これは人間も同じことです。言葉かけひとつで「心」が晴れたり曇ったりするのです。そのくらい「言葉」は生きているのです。

今度は内的要因です。私たちは「心」が不安定になると落ち込んだりしますね。よく、「仏教は『心』をコントロールする教えですか？」と聞かれます。しかし、「心」はコントロールできるものではありません。電子レンジのようにチンしたからさっと変われるものではないのです。

たとえば、何とか前向きになろうと音楽を聴いたり、カラオケで歌ったり、お酒を飲んだりします。要するに癒しを求めます。もちろん癒しは必要です。私も落ち込んだ時、ぬいぐるみに愚痴をこぼしたり、お風呂につかりながら心を休めたりしています。しかし癒しだけでは真の解決になりません。お酒というのは酔わせてくれますが、翌日には必ず「醒める」ということを忘れてはなりません。

心は「コロコロ」と、その時の感情で心電図の波のように変動します。ですから、その場はうまくコントロールできても、翌日にはまた落ち込んでしまったりするのです。

「一水四見（いっすいしけん）」という言葉があります。一つの水を見ても、見方によっては四つに違って見えるということです。

天人が見ると、瑠璃（るり）鏡に見える
人間が見ると、飲み水に見える。
魚が見ると、住みかと見る
餓鬼が見ると、炎と見る

ということなのです。私の目に狂いはない、などと言いますが、本当にそうでしょうか？　人間は、自分に都合よく一面的な見方をしてしまいがちです。

さきほどの「親鸞さんは何だか悲しそう」というのがそうですね。

自分の心が嬉しい時は、その心が目の前のものも笑いに変えるのです。自分が悲しいとすべてが悲しく映ります。

つまり「心」というのは、都合次第で悲しくも嬉しくも変わるということなのです。

では、どうしたら前向きになれるのでしょう。

無量寿経というお経に「法眼観察（ほうげんかんさつ）」という教えがあります。

つまり物の道理を見抜く目をもってほしいということなのです。

失恋して落ち込んだとします。初めからうまくいくと思うから落ち込むのです。お茶碗を割って落ち込むとします。しかし、物体というのは何かのきっかけで割れることもあるということなのです。車の事故に遭って途方にくれたとします。しかし一歩外に出れば危険が必ず伴っているということなのです。

私たちの人生は、幸・不幸、善・悪、陰・陽、勝ち・負け、白・黒と必ず対極しています。どちらか一方ということはないのです。それを「よいことだけがありますように」と仏さまにお願いをしてしまうのが私たちです。

どんなに幸せそうに見える人でも、いい所だけが私たちの目に映っているだけで、人には言えない悩みを抱えています。「私はなぜ悪いことばかり続くの？」、それは悪い所ばかりしか見ていないからです。

私たちの心を強くしてくれるのは、よいことも悪いことも同時に見ていける「心の眼」なのです。

失敗した自分が嫌い！　と思い続けると、一生自分を嫌うことになるでしょう。あの時は、右がよかったのかな？　左もよかったの？　と心がフラフラとなります。

前向きになるということは、「前」をしっかり「向いているか」ということです。しっかり自分を引き受けて歩いて行きましょう。親鸞さんはそんなあなたに寄り添い、一緒に歩いてくださいます。

人生、歩いてみないとわからないことだらけですよ。

5 戦うことはありません。気づいてあげればいいのです

けんかをした時、スッキリしたという人と、悔しい思いだけが残り、後味が悪いという人がいます。何が違うのでしょうか。

スッキリしたという人は、自分の意見がとおった時なのでしょう。逆に悲しくなったり、イライラしたりと後味の悪い時は、自分の思いや意見がねじ伏せられた時なのでしょう。ではどうしてそういう気持ちになるのでしょうか。

それは、勝ち負けがキーワードになっているからではないでしょうか。

義父と義母は結婚五十周年を迎えます。お互いにこれまでいろんなことがあったでしょう。夫婦生活が長い分、けんかもたくさんしたでしょう。

義父の趣味はミシンかけです。二階でゴトゴトとミシンをかけています。すると義母にはそれが嫌味の音に聞こえることもあるようです。

ゴトゴト♪（お前は何もできん妻や）

ゴトゴト♪（俺がするしかない）

義母は「毎日、バカみたいにミシンかけてアホか」と怒ります。

この険悪な雰囲気を変えようと思い、私は「義父さん、おやつですよ！　一緒に食べましょう」と呼びかけました。するとミシンの音がピタリと止まり、「おやつなんて五十年ぶりやな」と嬉しそうに台所に入ってきたのです。

それを聞いた義母は「あんたな、嫌味か！　まるで私が何もお菓子を与えてないみたいやんか。饅頭ならそのカゴに山盛りになっているやろ！」と大きな声を出したのです。すると義父は「そういうおやつと違うやろ！　お前はわかってない。気の利かん女や！」と大きな声を出します。すると義母はさらに「気の利かんのはどっちや！　いつも嫌味ばかり言って、神経のなさにはびっくりするわ！」と言い返します。

私は「まあまあ！　座ってください。いただきましょうよ」とケーキ皿に盛り付けをし、コーヒーを入れました。

義父が「おやつなんて五十年ぶり」と言ったのは、「おやつですよ」という呼びかけに喜びを感じたからでしょう。

でも、義母はおやつという物体を求めていると受け取ったのです。ですから「饅頭が欲しければいつでも取って食べたらいいのでは」と言いたかったのです。

言われたことを嫌味として受け取るか、そうでないか、受け取り方を間違うと、大きな誤解が生まれけんかになってしまいます。

けんかをするとなぜイライラするのでしょう。それは、相手に言い負かされたと思うからです。そうなると、このままでは終わらせたくない、仕返しをしなければと、何らかの方法でやり返すことを考え、自分の気持ちをすっきりさせようとします。

これを「怨み」と言います。

人間は怨みが増幅すると、どんな手段を使ってでも仕返しをしなければ気がすみません。怨みがどんどんと発展すると、暴力を使ってでも、相手に気持ちを押し付けようとします。それが戦争です。

仏教は、暴力では何も解決しないことを教えてくださいます。

この世において、怨みに報いるに怨みをもってすれば、ついに怨みは息(や)むことがない。怨みを捨ててこそ息む。これは永遠の真理である。　釈尊

殺す者も殺される者も、その関係者も、痛み、呻《うめ》き続けます……。これが暴力の連鎖です。今もなお世界中で起きている戦争の傷は、関係せざるを得なかった人々を苦しめ続けています。

なかには、殺されないために、圧倒的な武力を持てばいいという考えもあると思います。ただ、それで解決するものではないことは、人類の歴史が証明していますよね。

仏説無量寿経(ぶっせつむりょうじゅきょう)には「兵戈無用(ひょうがむよう)」

というお言葉があります。兵戈とは武器のこと、転じて戦争を指すこともあります。

本当の平和とは、兵士も武器も必要ない、暴力の影におびえる必要もない世界です。それは誰もが望む理想です。

お釈迦さまは「すべてのものはつながっているのだよ。関係を持つことで成り立っている。独りで存在するものはない」と教えてくださっています。

ところで、けんかは何のためにするのでしょうか。それは勝つためにするのではありません。わかってもらうためにするのです。人間は「自分の言い分を伝えたい」という思いがあります。それがとおらないと、相手に圧力をかけようとします。しかし強く出れば出るほど、反発も怨みも大きくなるということを知ってほしいのです。

どうか慈愛の気持ちで、相手の胸に言葉を届けませんか？　戦うことはありません。気づいてもらえるまで、時間をかけながら伝えていきませんか？

6 人に好かれない人は、自分が楽しそうにやっているかどうか振り返ってみましょう

好かれる人と好かれない人の違いは何でしょうか？

容姿？　肩書き？　お金持ち？　そうではありませんね。これらのものは目的として利用されるだけです。やはり、人間は中身が大切だと思います。見かけとイメージで決めてしまいがちですが、お話をしないとわからないことだらけです。

人に好かれる人の特徴は、おおまかにわけて私は、七つあると思っています。

一．一緒にいて刺激になる人

二．自分をさらけ出す人

三．気の利く人

四．聞き上手

五．感情的にならない人
六．金銭面がきれい
七．ほどほどにお洒落を楽しむ人

先日、講演の帰りに、門司港にある実家の西蓮寺へ寄りました。そして、再び帰京するため、新幹線に乗り、通路側の席で本を読んでいました。

広島駅からシャレた女性が乗ってこられ、「私、大きな荷物があるから窓側の席にどうぞ！」とお声をかけていただきました。私はラッキーと思いながら移動しました。

それからしばらくして、何気なく隣りの女性の顔を見ると、その方は評論家のUさんに似ています。Uさんなら、「荷物があるから、窓側の席にどうぞ」と声をかけてくるでしょう。Uさんはそういう発想をする方なのです。

ま・さ・か……。しかし、気になります。

思い切って「あの、失礼ですが、Uさんではないでしょうか？」と聞いてみました。

「はい！　そうです」「え？？？　え？？」

突然にもかかわらず笑顔で返事をしてくださいました。テレビで観るのとは違ってとても気さくな方です。それから話に花が咲きました。お互いの愛読書の話や、活動報告、何から何まで刺激になりました。出し惜しみせずにお話ししてくださるUさんをとても素敵だと思いました。

ところで、異性にはもてるけれど、同性には人気がなくて悩んでいるという人がいます。異性にとっては魅力を感じるからでしょう。チャンスがあればと狙われているのかもしれませんね。それはそれで素敵なことです。

しかし、仕事は魅力だけでは通用しません。表に出ない所でも、しっかり仕事と人間関係ができているかということを、同性は観察しているのではないでしょうか。そのギャップがあった時、同性からは支持されないということになるのでしょう。

また、それとは逆に、同性には人気があるのだけど異性にもてないという人は、人のよさが全面的に出すぎているのではないでしょうか。少し、異性としてのスキがあったほうがいいのかもしれませんね。ちなみに私もそうでした。

私がアナウンサーの時代、広告代理店の人やスポンサーのみなさんと会食する機会がありました。その後、飲みに行こうとなった時、ある先輩アナウンサーは「明日がありますし、帰ります」と、きっぱり断ったのです。

一方で、もう一人のアナウンサーは、「お誘いありがとうございます。とても嬉しいです。少しだけ行かせていただいていいですか？」と返事をし、参加しました。その人は早朝番組を持っているにもかかわらずです。私はこの二人を見ていて、断るにしても、気持ちを可愛く表現できるほうがいいなと感じました。

さて、親鸞聖人は今も人気があります。その理由は、弟子の唯円（ゆいえん）が親鸞聖人に尋ねた次のやりとりにつきると思います。

唯円「念仏をしても少しも愉悦の気持ちが湧いてこないのはどうしたことでしょうか？」

親鸞聖人「お前もそうであったか。私もそうなのだ」

と、おっしゃったのだそうです。

「私が特別なんではない、私だってわからない」とお答えになったところに、親鸞聖人の魅力があるのではないでしょうか。

気持ちを伝えることのできる人って素敵ですね。

感じたことは素直に表現しましょう。出し惜しみせず、人に与えましょう。

7 いい聞き手になりなさい

私の所に三十三歳の女性から手紙がきました。

「半年前に母親が亡くなりました。ところが、いつも私を支えてくれていた婚約者が、『しばらく離れたい』と言ってきました。理由を聞くと『君が重い』と言います。私の何が重いのでしょうか。こんな時に支えてほしいのに。大好きな彼がどこかに行ってしまいそうで不安です」

という辛い胸の内を投げかけてこられたのです。

私はこう返事をさせていただきました。

「母さまが亡くなられ、寂しい日々をお過ごしでしょう。こんな時に支えてほしいはずの彼があなたと距離を置きたいとおっしゃったのですね。どれほど辛いことでしょう。しかし、彼もきっと辛かったのではないでしょうか。自分を頼ってくれればくれるほど、あなたを支えていく自信がなくなったのだと思います。だから正直に結婚までは『重い』とおっしゃったのではないでしょうか。

では、何が重かったのでしょうか？　それはあなたの『思い』が『重い』に変わってしまったのではと思います。思いとは、こうなりたい、ああなりたいという人間の執着が表現された心のありかたを言います。無意識のうちにあなたも彼に期待していたのではないでしょうか？

『幸せにしてね』『私を一人にしないでね』『いつまでも優しくしてね』など、自分の『思い』を言葉として伝えていませんでしたか？　あなたにとって愛情表現のつもりが、実は彼を追い込んでいたのかもしれません。

もう一度彼に連絡してみてはいかがでしょうか？

『私はあなたに依存していました。自分のことばかり考えていました。気がつかない内にあなたを追い込んでいたのですね。ごめんなさい。あれからいろいろと考えさせられました。今はあなたのことを応援しています。一度、食事でもしませんか？　あなたの近況でも聞かせていただけたら嬉しいな』と。

今度は、あなたが彼の話を聞いてあげてください。きっと彼だって何らかの不安を抱えているのではないでしょうか」

この手紙の女性は、自分の「思い」だけを彼にぶつけていて、彼の話が聞けてなかったのかもしれません。

聞くというのはただ聞くのではありません。聞くとは「門」に「耳」と書きますね。門というのは扉です。門は自分の都合で開け閉めができます。自分の興味がある時は扉を開け、興味がない時は話を変えたり、扉を閉めたりしていませんか？

どんな話であっても、まず自分の心の門（扉）を開き、耳をすませることです。また、気をつけないといけないのは、答えを持った聞き方をしないということです。

「今日はどうしてた？」と聞きながら、「わかった！　飲んでたんでしょう」と言葉を投げかけてしまう方がいますが、これは聞きながら、ただ探りを入れているだけです。

聞くということは相手の心に尋ねるという意味もあります。聞き方は言葉を少なめにしましょう。「体調はどう？」「今日はどんなことあった？」など、相手が答えやすい聞き方をしてあげてください。

私事ですが、実家の門司港に帰省をした時、兄に迎えに来てもらおうと電話をしました。すぐ出るという返事だったのに、三十分たってやっと来ました。

今までの私なら、「何でこんなに待たせるのよ！」と怒りをぶつけたでしょう。しかし、迎えに来てとお願いしたのは私のほうです。怒りをぶつけたとしても兄だって反論するでしょう。

そこで「何かあったの？」と聞きました。すると兄は「すまん。出ようとしたら電話がかかってきてね。待たせたな」と自分のほうからすまんと言ってくれたのです。

それを「遅い」と怒りをぶつけてしまうとけんかになり、お互い後味の悪い時間を過ごすことになります。私が聞くことによって「そういうことだったんだ」と和やかな帰省となったのでした。

人間関係が悪くなった時ほど聞き上手になりましょう。聞くことで相手の心の扉が開かれることでしょう。

8 思いやりは想像力です

書店に行くとハウツー本が多いのに驚きます。三分で説得する方法、一瞬で自分が変わる魔法の言葉など、思わず、どんな内容のことが書かれているのだろうと興味がわきます。しかし看板だけ大きくて、いざ、のぞいてみるとガッカリという本もあります。

ある神経内科のドクターからこんなメールがきました。

「私の所に、性格を治すにはどうしたらいいのかと聞いてくる患者さんがいるのですよ」。「どういうことでしょう？」と返事をすると、なんでも連れ合いさんに不満を持っている奥さんが、「この人は神経がおかしいのでは？」と不安になり、一度専門家に見てもらえば治るだろうと、病院にやってきたというのです。

たしかに理解しにくい行動をおこした人には「どういう神経をしているの？」と聞いたりしますが、性格を神経と結びつけてしまうのはどうかと思います。

私の所にも「私は思いやりを持てません。どうしたら思いやりのある人になれますか？」とメールの相談が寄せられますが、でも、思いやりは頭や技術で取得できるものではありません。そこがわからなければ、思いやりは単なるポーズにすぎません。

思いやりとは、「慈悲」という言葉が当てはまるような気がします。「慈」というのは仏教用語で、原語では〝マイトリー(maitri)〟と言い、「友情」という意味で使われます。

友情には駆け引きがありませんよね。何かメリットがあるという計算で、助けたりしないということです。つまり「見返りを求めない」ということです。人間そのものと出会っていくということなのです。

次に「悲」です。これは〃カルナー(karuna)〃と言い、「呻き」のこと、または「深い嘆き」のことを指します。

突然、男性にふられてしまった、突然、病におかされた、これは本人でないとわからない苦しみで、悲痛な叫びがあるはずです。しかし、どれほど相手を理解したいと思っても、私たちは相手と同じ気持ちになることはできません。同じ気持ちにはなれないけれど、「傷ついた相手の悲しみにどこまでも向き合っていく」ことはできるのです。つまり、慈悲とは、最後まで相手を理解し、相手の心に寄り添っていくことなのです。

では、相手を理解するとはどういうことでしょうか。

相手がまったく違う意見を言った場合、「どうしてそんな考え方をするのだろう?　その意見も理解したいな」と、相手のことに思いを寄せてみることです。これはとても大切なことです。思いを寄せるとは、想像力を働かせることです。まず、こちらが想像力を働かせることで、どう思いやったらいいかの枠が広がっていくのです。そこに本当の愛情が沸いてくるのです。

愛情とは、相手に対して謙虚さを持つということです。自分が正しいとか、正しくないとか、自己中心的な考えではなく、いかに相手に対して心遣いができるかどうか、ということです。

しかし、私が「優しく」できても、相手が「優しく」できるとはかぎりません。相手が「優しく」してくれたから、お返しに「優しく」してあげようという計算づくのことでもありません。「優しく」できる人が、させてもらう、ということなのです。ほかに理由は要りません。

どんな人も、仏さまから尊い命をいただいています。

「私もお世話させてもらう時がきた……」

「この人と向き合い、何かを学ばせていただく……」

と、計算のない気持ちになった時、人は本当に優しくなれるのではないでしょうか。

私は、"It's my pleasure"という言葉が好きです。

「これは私の喜びですよ」「私も同じなんだよ」、ということを、さらっと伝えられる関係ってすばらしいことだと思いませんか。

9 友だちはたくさんいたほうがいいとは限りません

みなさんには「親友」と呼べる人はいますか？　困った時に相談できる友、自分の弱いところを見せることのできる友、あの人のためなら助けたいと思える友、そんな友だち関係が永遠に続けばいいですね。

しかし、ふとしたきっかけで仲たがいをしてしまうことがあります。その時は、大切な忘れ物でもしたように、とても不安で辛いものです。そうなると、その空虚感を補うために、多くの友だちを持つことで安心したいという方もいるようです。

私は学生に仏教を教えていますが、ほとんどの学生が、いつも友だちと携帯電話でつながってないと不安だと答えます。携帯に「たくさん」の友だちを登録することで、安心すると言います。

私はある学生に質問しました。「この中で心を許せる人ってどのくらいいるの？」。するど、「うーん。正直言っていない。この人もあの人も知ってるというだけかな？」と答えるのです。私は寂しい気持ちになりました。

そこで、「本当の友だちって何だろう？」というテーマで、学生に呼びかけました。心を許すことができないという理由の中には、自分の意見を言う、つまり、自分をさらけ出すのが怖く、だから、当たり障りのない付き合いをしているという人もいました。たしかに、言いたいことばかりをぶつけ合うと関係はギクシャクします。だからといって、その場に合わせた役割を演じていても辛くなるばかりです。

時間をかけながら学生と話を掘り下げていきました。

「自分をさらけ出すことを拒むと、いつまでたっても自分や他人との間に壁ができるよね。まずは、一人ひとり違っているのを知ることからはじめるのが大切なんじゃないかな？　同じ意見を持つから通じ合えるとは限らない。むしろ違う意見、違う行動だからこそ、視野も広がっていく。正直な気持ちを語り合える友だちを大切にしましょう」と伝えたのでした。

親鸞聖人は、同朋・同行（どうぼう・どうぎょう）という言葉を教えてくださっています。同朋は、志を同じくする友ということ、同行というのは、行を同じくする友ということです。志とは、人間としてこうでありたいねという願いのことです。行といえば、仏教ではお念仏を称えることです。仕事仲間やチームメイトやボランティア仲間と一緒に、共通した何かを実行していこうということです。

親鸞聖人は師の教えを共に聞き、その教えを生活の拠りどころとして生きる人でありたいという願いを同朋、同行とおっしゃったのです。

この「朋」という字はどういう意味でしょうか？　貝殻が二つあって、それが横の糸でつながっているという姿を表したのが「朋」です。いつもつながっているということです。

ある女性が自殺をしました。その時の遺書に、

たった一人でいいから、私のことを知ってくれる友だちが欲しかった。
たった一人でいいから、私のことを心配してくれる友が欲しかった。
たった一人でいいから

と書かれていたそうです。

桜の木を想像してください。すぐ目につくのはピンクの桜ですね。これを、友だち関係にたとえると、ファッションの趣味が同じ、金銭感覚が同じ、育ちが同じで、頻繁にランチをしたり、メールをしたりする間柄とでも言えるでしょうか？

しかし、これはあくまでも形式だけにこだわった関係です。桜の花は、強風や大雨がくると散っていきます。問題が起きれば散ってしまうのです。大切なのは根っこの部分です。本当の友だちでいると、ささいなことでは倒れません。どうか、根っこのようなつながりを大切にしませんか？

そんな友だちが一人でもいればいいのです。友だちは少なくていいのです。心の底からわかり合える、よいところも悪いところも認め合える仲間が欲しいですね。そのためにも、まずは自分の心の窓を開きましょう。開かないと訪ねてきませんよ。

10 どんなに謝っても許してもらえない時もあります

私の所にくる悩みの半分が、「あの人とうまくコミュニケーションがはかれない」「あの人に誤解を受け悩んでいる」「嫌いな人とどうやってつきあえばいい？」などという人間関係で苦労している相談ばかりです。

前にも言ったように、人と人の間にいるからこそ私たちは人間になれます。だからこそ、私たちは人から離れることも拒否することもできません。「出会い」によって人間になっていくのです。

しかし、嬉しい出会いならいいのですが、出会いによって生み出される苦悩もあります。謝っても相手が許してくれなかったり、嫌な人と出会わなければならなかったりという苦しみもあるのです。

こうした出会いの苦しみを、お釈迦さまは「怨憎会苦（おんぞうえく）」という言葉で示されました。人間関係は、気心のしれた好きな人だけでの問題ではありません。そのため、思わぬ誤解を受けたり、衝突したりという事態も生じます。そして、私たちは、なんとかその溝を埋めようと努力します。

「溝」を辞書で調べると、「人と人との間のへだたり」とあります。友人との溝、職場の人との溝、友だちとの溝、親子間の溝、夫婦間の溝と、さまざまあります。

もう一つ、溝と同じように人間関係を表す言い方に、「あの人との間に『壁』ができた」と言ったりします。「壁」を辞書で調べてみると、障壁、障害物、困難とあります。

壁は相手の顔がさえぎり、話し合うこともできないイメージがありますね。一方、溝はお互いの顔を見ることも、話しをすることもできます。ベルリンの壁ではありませんが、壁を壊すのは大変な労力がいります。でも、溝を埋めることならば、少しは可能性があるのではないでしょうか。

たとえば、相手が怒ったとします。怒って無視されたとします。無視は相手を意識している表れです。また、許さないということは心のどこかで、わかってほしいという怒りなのです。人と人との溝は、埋めていく作業によって少しずつなくなっていきます。しかし、溝があることにも気付かない場合もあります。善導

大師のお言葉の中に、

「外に賢善精進（けんぜんしょうじん）の相を現じて、
　内に虚仮（こけ）を抱くことを得ざれ」

というのがあります。これは外面ではいかにもさとりすまし、一生懸命に道を求めるような姿をして、内に嘘偽りの心を抱いていてはいけないということです。外が真実であるならば内も真実でなければならないということです。

親鸞聖人はさらに厳しくこうおっしゃいました。

「外に賢善精進の相を現ずること得ざれ、内に虚仮を抱けばなり」

外が真実であるならば、内も真実でなければならぬというのではなく、人間には真実はないのだという深い自覚をもってほしいと願われたのです。

一生懸命謝ればわかってもらえるという人がいます。しかし、謝るというのはどういうことなのでしょうか？　うわべで謝り、相手のご機嫌をとるということでしょうか。また、許してもらうことで自分の人格を維持しようとしているのでしょうか。でも、それは自分の都合にすぎません。大切なのは、まず自分が「私は人を傷つけたのだ」と自覚することです。許してほしいと思っても、許す許さないは相手の気持ちです。こちらの思いどおりにはなりません。

こうして傷つけあいながら生きていくのが人間だし、人から離れることができないのも人間です。何度も言うようですが、間（あいだ）を生きているのが人間なのです。

この「間」は時間の間でもあります。時間をかけながら、私たちが一生懸命に生きていく中で、一つひとつのできごとから学ばせていただき、人と人との溝は埋められていくのではないでしょうか。

●ステップ2

運命に逆らいたくなった時のヒント

11 「一生懸命やったのに……」は、誰でもする言い訳です

目の前で泣いているのに「泣かせるつもりはなかった」と言う人、会社を遅刻した時、「まさか寝坊するとは思いませんでした」と言う人、仕事の失敗をした時、「私だって一生懸命やってるのに……」と言う人――、何か勘違いしていませんか？

「泣かせるつもりはなかった」と言いますが、相手が泣かないと気がつかないのでしょうか？　「まさか寝坊するとは思いませんでした」と言いますが、待たせた人のことはどうでもいいのでしょうか？　「私だって一生懸命なのよ」と言う人は、最後まで頑張ったんだということを主張しているにすぎませんね。

どうして人間は、このような言い訳をするのでしょうか？　自分のことしか考えられないのでしょうか。

二十代のころ、私はアナウンサーの仕事をしていました。ある日、風邪をひい

てガラガラ声になったのですが、そのままラジオの生番組に出演しました。

番組の冒頭で、「今日は風邪をひきました。昨夜、友人とばったり会い、寒い中で立ち話をされてしまい、すっかり風邪をひいたのです」と言ったのです。すると、CMの間、ディレクターから「川村君、その言い訳は恥ずかしいな」と言われたのを今でも忘れません。友だちが引き止めようと引き止めまいと、「自己管理できなかったあなたはプロとして失格だ」とおっしゃりたかったのでしょう。

言い訳もそれぞれの立場でいろいろです。ある人が、犯罪に手を染めたとします。すると、「環境が悪いからだ」「悪い人の誘惑があったからだ」「あの人から誘われて」などの言い訳をして罪から逃げようとします。

浮気がばれたとします。すると「違うんだ！　相手がどうしても寂しいというものだから、つい会ってしまったんだ」と、あたかも自分の意志ではなかったかのように言い訳をします。

十代のころ、私は父親を亡くしました。片親ということで、他の人より愛情をもらってないとひねくれていたのでしょう。寂しいのは父親がいないからなんだ、こういう性格になったのも片親だからだ、とすべてを父親のせいにしていました。

ところが、ある時、お寺のご住職からこう言われました。

「川村さん、父親がいないから寂しいのか？　それは言い訳や。あなたにも父親がいたという事実がある。その父親が残してくれた言葉を大切にして、そして、安心しなさい！　私たちには共通した親さまがいるのだよ。それが仏さまや！　いつでも心配してくださっている。傍にいてくださる」

私はこの言葉に安心したものでした。

では、私たちはなぜ「言い訳」をするのでしょう。それは、「本当の私はこうなのよ」、「本当は違うの！　ちゃんとできるけど、今回はたまたま間違ったの」——など、「自分をまず認めてもらいたい」という自我が働くからです。

病気でなければもっとできたのに！　若ければもっと意欲的になれるのに！　家庭に恵まれたらもっと勉強も仕事もできたのに！　親のせいで性格が悪くなった、あの人と付き合ったために人生、損をしたなど。

しかし、本当は、言い訳をすることは、自分を崩したくないからです。ただ自分を守りたいからなのです。このことに気がつかなければなりません。今できないことは、たとえ恵まれていてもできないものです。若いころにしなかったことはする気がなかったことなのです。

できない自分をかばう言い訳は、もうやめましょう。自分のやるべきことをコツコツと、まずは実行していきましょう。

言い訳をされる側から見てみましょう。注意をしたほうは「伝わったらそれでいい」と思っているのです。ところが、言い訳をされると、自分の言葉がはね返されたと思い、悲しくなります。そして、さらに自分の言い分を伝えようと口論になるのです。

まずは、順番を踏むことが大切です。言われたことに対しては、「わかりました」「ごめんなさい」と言いましょう。これは負けたことでも何でもありません。相手と気持ちを通じ合うことなのです。

そして、どうしても誤解を受けた時は、謝った後で「これだけはわかってください」と伝えるようにしましょう。

それでもわかってもらえない時は、時間をおいて伝えましょう。時間を置くとお互い冷静になります。余裕のある時に、誠意をもって伝えましょう。大切なのは、お互いの気持ちが言葉で伝わることです。

今の自分をご縁として、その事実を認め、引き受けていく勇気を持つことが大切なのです。それが私を生きるということなのです。

12 少しずつ少しずつ行けるところまで行きなさい

みなさんは運動会の時に、球入れをしませんでしたか？　白組、赤組に分かれて自分の組のカゴに、どれだけ多くの球を投げ入れることができるか、というゲームです。

私は小学生のころ、どうやって高いカゴに入れるのか考えたものです。小学生ですから、自分の力は想像できます。そこでカゴの足元まで近寄って投げたものです。

しかし、大人になるにつれ、ほとんどの人のそうした素直な気持ちが変化します。「私はもっとこういうことをしたい」「私はこんなことができるはず」「こんな田舎じゃ何もできない。都会に出たら成功できるだろう」などと理想だけが大きくなります。

球入れで言えば、離れた場所にカゴがあるのに、遠いところからノーバウンドで入れてしまおうと球を投げます。でも、入りません。その結果、「私はダメなんだ」と落ち込んでしまいます。しかし、それは違います。

カゴに入らなかったのは自分の力を知らなかったからです。それだけのことです。初めから大きなチャンスはありません。そのチャンスに行き着くためには、まず足元の小さなことからコツコツとやっていけばいいのです。

福井の竹部勝之進さんが『分限（ぶげん）の唄』という詩を書いています。

分限を知らしてもらい
自分に出来ることをやらせてもらう
たのしからずや
分限を知らしてもらい

安心して生きさせてもらい
安心して死なしてもらう
たのしからずや

分限とは、今持っている自分の実力のことです。身のほどとも言います。この分限を忘れると、できないことにまで手を出します。できないことに手を出すと、必ずそこに苦しみが起こってきます。

よい格好をする必要はありません。気張ることもいらず、見栄を張ることもいらず、背伸びすることもいらず、できることをさせてもらったらいいのです。

私たちの分限は何だったでしょうか。それは凡夫ということです。『歎異抄』では「仏かねてしろしめして、煩悩具足の凡夫（第九章）」と言います。

意味は、「阿弥陀さまは、かねてから、人間は煩悩を備えた愚か者であると、見とおされて……」ということです。

私たちは自分の立場を忘れ、あの人みたいに大きな結婚式をあげたい、セレブになりたい、ときには、仏さまと同じ心境になりたい、修行を積んで徳のある人になりたいなどと、仏さまに近づこうとします。でも、それは如来の分限にまで手を出していることになります。つまり、自分の実力以上のことをやろうとしているのです。

ここが間違いなのです。私たちは、仏に近づくのではなく、凡夫にかえればいいのです。偉い人になろうとするのではなく、私になればいいのです。このままの「私の命」を精いっぱい生きさせてもらえばいいのです。すると自分に疲れません。自分の分限を知れば安心して生きていけるのです。

でも、勘違いしないでください。安心して生きるとは、別に楽になることでもなく、苦悩がなくなることでもありません。私たちには取ろうと思っても取れない「業《ごう》」があります。これは捨てることのできない宿業（しゅくごう）です。それを責めたり、拒否したりするのではなく、それを受け入れることのできる私になろうということなのです。

受け入れることのできる人は明るいです。受け入れられない人は、一生、逃げ続けなければなりません。

辛い時は辛い
嬉しい時は嬉しい
死ぬ時は死ぬ
長生きできる時はできる
思いどおりになる時もある
しかし、思いどおりになれないこともある
責めない　怒らない　誰とも比べない
等身大の私を見ながら登れるところまで登ればいい
そこから見える景色は最高の景色なのですから

13 ダメかどうかはやってみなければわかりません

人間はなぜ慎重になるのでしょうか。それは失敗したくないからです。失敗した自分を想像するなんて誰でもイヤですね。だから失敗しないで済むように慎重に物事を見ていくのです。

しかし慎重になったからといってすべてうまくいくでしょうか。違いますね。慎重になりすぎて何もできなかったということもあります。

私は「当たって砕けろ」という言葉が好きです。この言葉は、成功するかどうかはわかりませんが、「やってみたら！」という問いかけだと思っています。

私は、やろうかやるまいかで悩んでいる人には、やってみることをお薦めします。たとえば、ある人のコンサートに行くかやめるかを悩んだとします。行ってよかったか悪かったかは、行ったからこそ言えるのです。行かなかったら「やっぱり行けばよかったかな？」と最後まで想像と後悔で終わるでしょう。

また、たとえば、あの会社の就職試験を受けたいけど、不景気だし、たぶん落ちるだろうな？　と想像するわけです。しかし、落ちるというのは受けてからの話です。当たり前のことですね。

また、受けるという行動にはさまざまな出会いがあります。同じ受験生に出会う、面接官の人に自分を知ってもらえる、そして何よりも「反省」というチャンスをいただけます。そして、さらに、受かるかもしれないというチャンスもいただけるのです。これが受けなかったら、ただ慎重というガードは備わったかもしれませんが、それだけで終わりです。

昔、ある男が旅に出ました。歩いても歩いても町が見えません。すると大きな木の下で老人が休憩しています。旅の者は尋ねました。

「あのう、この土地の方ですか？　私は町にたどり着きたいのですが、どのくらい歩けばたどりつけますか？」

しかし、老人は何も言いません。旅の者は「なーんだ！　不愛想な年寄りだ」と怒りながら旅を続けることにしました。

しばらく歩いていると、さっきの老人が追いかけてきました。そして、「わかった、わかった。あなたの歩幅と速度だと、たぶん三十分もあればあの町へたどり着けるだろうよ」と言いました。

つまり、「私はどれくらいでたどり着けますか？」と聞かれても、旅人の歩くペースを見ないうちはわからなかったのです。で、老人はその旅人の歩調を見た後、おおよそのことを教えてくれたのでした。

おわかりになりましたでしょうか？「私は成功しますか？」と訊かれても、成功するかしないかは挑戦しないとわかりませんということなのですよ。あなたが歩いた足跡が道をつくっていくのですから――。親鸞聖人は、

「唯」はただこのことひとつといふ
ふたつならぶことをきらふことばなり
また「唯」はひとりといふこころなり

とおっしゃっています。ただ一つの道を信じて生きていくことが大切という意味です。

仏教の教えをいただき続けた詩人、木村無相さんという方がおられました。さまざまな経験をし、最後は真宗聴聞一筋の生活だったそうです。六十代半ばを過ぎたころに、

「道がある　道がある
たった一つの道がある
ただ念仏の道がある
極重悪人唯称仏」

とうたわれました。

木村さんは、初めから親鸞さんの教えを信じておられたわけではありません。たくさんの道をあちらこちら歩いてきたようです。さまざまな経験、挫折を味わう中で、自分の道が定まったのです。

お念仏の道とは、迷い、苦しみのある人生を歩く私たちの足元を、仏さまが照らしてくださるということです。

まずは具体的に歩いてみましょう。壁にぶつかって痛さを味わう。その中から、どちらへ方向転換したらいいかを教えていただけるでしょう。そして、明るい未来が必ず見えてくるでしょう。暗いトンネルなんか歩きたくもないと思うかもしれません。しかし暗さを経験した人にだけ本当の「明るさ」が見えるのです。

初めから明るい所に光は見えません。まずは、あなたの速度で道を歩いてみることですよ。

14
チャンスはいつもあります。でも、いつやってくるかわかりません

シャッターチャンスという言葉がありますね。たとえば可愛いワンちゃんの動きをカメラで追いかけていました。人間だったら「可愛い顔をしてよ！」と言え

ば、それなりの表情をつくります。しかしペットには言葉が通じません。いい表情が撮れるまで、ひたすら待つしかありません。

いつシャッターが押せるのかは誰にもわかりません。だからこそ面白いのです。人生もそうではないでしょうか。○月○日に、あなたにチャンスが到来すると予言されたとします。でも、自分の人生が年表のようにわかっていたら、きっと面白くないでしょう。なぜなら、自分で探し求めていくという魅力が失われてしまうからです。

また、答えがわかったと思った時から人は成長しなくなります。好きな人でも、「この人はどんな人間なのか？」と想像しながら付き合うからこそ神秘的なのです。答えがわかったなら、その時から「この人はこんなものだ」と決め付けてしまうことでしょう。

世の中で成功している人、なんだか楽しそうに生きている人、何をやっても失敗してしまう人、毎日が楽しくない人、何が違うのでしょうか。

この人だけ特別というのはありません。たまたまそういうご縁をいただいているだけなのです。ここが大切なところです。ご縁を大切にすることが、チャンスを活かすということではないのでしょうか。

チャンスとは、物事をするのによい機会のことです。つまり、きっかけ、出会い、ということです。

いつも、口癖のように「私はこの仕事向いてない」と不平不満を言う方がいます。でも、向いているとか向いていないというのは、相手が合わせてくれる、くれないではありませんね。こちらがその仕事に向き合おうとしているのかどうかということです。向き合う気がないから、「面白くない」とついついぼやくのです。

私もそうでした。どうしても関わりたくない仕事がありました。それは学校の教壇に立つことでした。

ある日、華道家元で池坊の姉妹弟子でもあるS先輩が、「一緒に学校で華道を教えましょう」と声をかけてくださいました。

私は講演や執筆活動などで忙しく、そういう気持ちにはなれませんでした。しかし尊敬する先輩のお誘いです。これもご縁かと、受けさせていただくこととなりました。仕事はあくまでも先輩のアシスタントです。高校生の授業を担当したり、作品の手直しをしたりの繰り返しです。

二年間させていただいたころに、お寺のほうから「そろそろお寺にいる時間を持ってほしい」と言われました。もともと多くの別の仕事をかかえていましたから、華道講師を辞退させていただこうと思い、それを先輩に伝えようとすると、「実は私、手術することになってしばらくは学校へ行けないの。どうか私が不在の間は頼むね」と言われてしまったのです。が一ん！　先手を打たれてしまったのでした。

しかし、先輩の体調が心配です。先輩は華道の講師として毎週のように働いていますす。またお寺の住職でもあるのです。私が、その打ち込んでいる姿に魅せられていたのはたしかでした。

逃げれば逃げるほど、仕事のほうで追いかけてきます。私は、これはまさしく機縁だと思うことにしました。すると、学生と接しているのが何だか楽しくなったのです。

問題児の学生も、会話をするとそれなりに可愛いものです。さまざまな事情をかかえて登校する学生もいます。そんな一人ひとりの人間と向き合っているうちに、私はここで学ばせていただいているのだなと感じ、初めてこの仕事と向き合え、初めて楽しくなったのです。

「石の上にも三年」と言います。何事も続け、向き合ってこそ、人生を変えてくれるチャンスにめぐり合えるのです。先読みは禁物ですね。

15

好きなこととできることは違います

頭のいい人が塾の先生として人気があるとは限りません。オリンピック選手だから、コーチとして有能とも限りません。演技が好きだから、女優として大成するとも限りません。

つまり、好きだからできるとは限らないのです。

誰にも、これだけはという思い入れがあるでしょう。それは大切なことです。しかし、その思い入れは自分だけが持っている情熱です。他人にも伝わるとは限りません。

たとえば「私はあなたのことが好きです。結婚したらあなたにおいしい料理をつくりたいし、よき妻になります」とどれだけ訴えても、相手がそれに応えてくれるとは限りません。好きだという気持ちを伝えられても、相手だって、情熱が持てないと同じ気持ちにはなれないのです。

私は、昔、アナウンサーの仕事をしていたと言いましたが、それは局アナではありませんでした。松竹芸能に所属するタレントとして、各番組に出演していたのです。出演するには、その都度、オーディションを受けなければなりません。しかも、人気番組になると、多くのタレントさんがオーディションを受けます。事務所ごとに何人か一緒になって受けます。

あるオーディションの時でした。隣りに座っていたタレントさんは愛嬌がありました。身振り手振りで、番組に対する熱い思いを語っています。またその隣りのタレントさんは、淡々とした表情でトークをしていました。試験の結果は、愛嬌たっぷりの人ではなく、淡々とトークをするタレントさんが受かったのです。

愛嬌たっぷりのタレントさんは納得がいかず、マネージャーに聞きました。すると「へんにタレント化した女の子ではなく、普通の女の子がお茶の間に出ている雰囲気を出したかったそうよ。それに、あなたのしゃべりはしらじらしいのよ」と言われたそうです。

私こそはこの番組にふさわしいと思っても、相手から求められるとはかぎらないのですね。

「好きこそものの上手なれ」ということわざがあります。好きなことをやっているとと上達するということです。これはわかります。しかし、「好きなことは仕事にしちゃいけない」という人がいます。好きなことは趣味として楽しめばよいのであって、仕事にしてしまうと純粋に楽しめなくなる、ということなのでしょう。

たとえば、本が好きだからといって編集者になっても、編集者の仕事の中身は本を買ったり読んだりすることばかりではありませんし、それだけでは、仕事になりません。好きを離れて、冷静に仕事という目で見ることができるかどうかも大切です。そういう意味では、「好きなことは仕事にできない」というのはわかります。

私の場合は、縁あって僧侶という道に入りました。坊さんというと「読経」とか「説法」のイメージがありますね。でも、声を出すこと、お話をすることが好きだからお坊さんになれるかと思いきや、かえってなれないでしょう。

　周りの状況を考えずにお話を続けると「またあの坊さんの一人説法がはじまった」と相手から煙たがられます。お経ばかりを大きな声であげると、一緒にお参りをする人は「足がしびれた」と訴えてこられます。こちらの情熱を強く訴えれば訴えるほど、相手にとっては威圧感でしかありません。

　実は、お坊さんの仕事は「聞く」ということなのです。お経も「聞く」といいます。ひたすら聞法（もんぽう）することです。「目の前の声を聞け」、それがお坊さんの仕事です。相手の心のうちを聞かせていただくことです。

　キャッチボールのように、相手と心のやり取りができてこそ、相手も信頼してくれるのではないでしょうか。

　好きなのに、なぜ仕事につながらないの？

　好きなのに、なぜあの人は振り向いてくれないの？

　こんな疑問が出てきたら、少しあなたの思い入れが強すぎるのかもしれません。その時は少し距離を置いて、離れた所から自分を客観的に眺めてはいかがでしょうか。

　観とは幅広い視野を持つということです。そして自分がお客さんになって、もう一人の自分を冷静に見るということです。すると見えるわ見える、必ずや、大切なことに気がつかせていただけるでしょう。

あなたにとって好きなこととできること、しっかりメリハリをつけてやっていますか？　混合していませんか？

16 人は理屈で困っているのではなく、感情で困っているのですよ

私たちは人間関係の中で生きています。親子、姉妹、恋人、友人など、さまざまな関係の中で生きています。お互いの気持ちが通じ合っていたらいいのですが、意見が合わなかったり、相手の考え方についていけなかったりすると、何らかの不満を持つようになります。

また、言葉をかけ合うことで自分の意思を伝えます。気持ちをそのまま伝えられたらいいのですが、厄介なことに「感情」がありますから、それが言葉に乗って強く伝わることがあります。

たとえば、上司から怒られたとします。言っている内容は理屈に合っているのに相手の言い方がきついということで、それ以上受け入れられなくなってしまいます。すると「こんな会社辞めてやる」とぼやいてしまうのです。これは、実は相手の感情に流されていることでもあるのですよ。

深夜、私の所に、「妙慶さん。私は離婚しようと思っています」とメールがきました。「何がありましたか?」と、私が返事をすると、

「私は不妊治療を受けています。専門医に診ていただき、妊娠しやすい日には夫婦生活をするようにも言われていますし、私にとってもコミュニケーションを図る大切な時間です。今月もこの日ということで二日前から夫に早く帰るようにお願いしていましたが、夜の十時を過ぎても帰らないのでメールで催促しました。すると『今、会社の連中と飲んでいるからまだ帰れない』との返事です。

何度も催促して、帰ってきたのが夜中の一時です。私は翌日に仕事がありまし

たから、イライラしていて、夫が帰るなり『大嘘つき！　役立たず！』と怒鳴ったのです。すると夫も、ものすごい剣幕で言い返し、壮絶なけんかとなりました」

その結果、翌日の夜になっても怒りがおさまらない彼女が、私にメールをくれたのでした。

人間は朝より夜のほうが、怒りがたまってきます。ちょうど、老廃物が最後は足にたまってくるように、時間が過ぎれば過ぎるほど、憎しみがふくれあがってくるようです。したがって、夜のメールは怒りという感情をぶつけてしまいがちです。極力気をつけましょう。どうしても送りたい時はしばらく寝かせておきましょう。何度も見直し、本当にこれで伝わるのか？　感情だけが一人走りしてないかゆっくりたしかめてください。

アメリカの臨床心理学者トマス・ゴードン博士は、「心」の動きを、「第一感情」と「第二感情」とに分類しました。

さきほどの女性は、帰宅した連れ合いさんに対し「この大嘘つき！　役立たず」と言いましたが、これは第二感情です。しかし、人間にはその前に第一感情というのがあります。

第一感情　↓期待感(夫は早く帰宅してほしい)と楽しみ(夫婦関係をもちたい)

第二感情　↓期待が裏切られた時　↓怒りに変わる

つまり、第一感情が裏切られた瞬間、怒り、憎しみに変わるのです。しかし、相手に怒りを投げても、相手にも感情があります。自分の言い分を表現しようと言い返します。

これが自我の正体です。自我とは自分を都合よく守る「心のバリア」です。人間が嘘をつき、言い訳をするのも自我があるからです。嘘をついてまでも、自分を大きく見せたい、言い訳してまでも自分を守りたいからなのです。ですから、さきほどの彼女は、素直に第一感情を伝えたらいいのです。

「私ね！　今日はあなたと私の大切な日なの」「残念だわ、楽しみに待ってたのよ」と伝えたらいいのです。すると相手も「悪かったな」と思うでしょう。

前にも言いましたが、相手にわかってもらうためにけんかをしてしまうのです。勝ち負けでぶつかると憎しみしか残りません。

「感情に流されるのではなく」、今の状況をしっかり見て、伝わる言葉をかけましょう。それでも伝わらない時は、縁がなかったものと流しましょう。

17 人は寂しさで死ぬこともあります

私には後悔しても後悔しきれないできごとがあります。五年前、ある一通のメールが届きました。

「たった一人でいい。私のことを理解してくれる友だちが欲しかった」

しかし、私は瞬時に返事ができず、三週間後にメールをした時には自死されていました。身内の方が私のメールを読み、返事をくださったのです。

もっと早く返事ができたら、彼女は死ななくて済んだかもしれない、そう思うと眠れない日が続きました。

人間はどれほど物質的に恵まれていても、多くの人に囲まれていたとしても、孤独を味わいます。その孤独は、失恋した時、裏切られた時、病んだ時、死を思う時、自分の将来が不安になった時など、さまざまです。何か頼りとなるものがぷつっと切れた瞬間に孤独を味わいます。

人が外見を気にするのも、騒ぎ立てるのも、人に興味を持ってもらいたいという裏腹の行為かもしれません。人は孤独を紛らわせようと、酒、異性などに、快楽を求めたりします。

しかし、寂しさを紛らわすために享楽を追い求めても、解決にたどりつけません。寂しさの原因を外に向かって求めても「愚痴」だけで終わってしまいます。

釈尊は、人は世間の愛欲の中にあって、「独り生じ独り死し独り去り独り来（きた）る」とおっしゃいました。

私たちは、生まれる時も一人、死ぬ時も一人です。「このご飯、おいしいから一緒に味わいたい」といっても、それぞれの胃袋に入れていくしかないのです。悔しさを共有することはあっても、同じ気持ちにはなれません。よくあなたと私は一心同体だからとおっしゃる方がいます。しかし同じ体にはなれないのです。悔しいかな、同じ心にもなれません。

自分だけは絶対に孤独になりたくないと願っても、それは自分がどうにかなりたいという執着でしかないのです。どんな時も最後は一人です。

つくべき縁あればともない、
はなるるべき縁あれば
はなるることのある　　親鸞

親鸞聖人も「孤独」が根っこにあり、そこから人間として道を求めて出られた方です。

出会えた喜びの縁もありますが、いつかは別れなければならない縁もあるのです。すべてが縁なのです。この世に絶対はありません。この縁を自力によりくつがえすこともできません。

私たちが恐れなくてはならないのは孤独ではなく、孤立することです。

孤立は自らの生き方のみを肯定し、反対に他人を認めず拒否してしまう姿です。自分を認めないものに対しては、憤りとなり、怨みともなります。こうした私たちの内に働く独善的な思いこそ、人との出会いと交わりを閉ざしてしまうのです。

今、あなたは寂しいですか？

そう思えたらチャンスです。その時は、寂しさに徹してほしいのです。

ごまかすことなく寂しさを抱いて生きていってほしいのです。

生死の苦しみ、あなたが今抱えている宿業を、目をそらさずに、まず見てほしいのです。とことんどん底に落ちた人には着地点ができます。そこから生きていけるバネをいただけます。大地はあなたを受け入れ、また土台になってくれます。どんなことがあってもあなたを支えてくれます。

差別や偏見のない場所に行きたいと嘆いても、差別を受けなければならない時もあります。でも、そんな時には、そういうことしか言えない、思えない相手を、そうではない、そうあってはならないのだと思ってほしい。この生きにくい世の中で本当の願いを見つけてほしい。大地にどっしりと身を置いて生きてほしい。仏さまの手のひらで生きさせていただいていることを忘れないでほしいのです。

18 目に見えないけれど大切なものがあるのです

クイズです。「ありがとう」の反対語は何でしょうか。ヒント、「ありがとう」は、有ることが難しい（有り難う）と書きます。

答えは「当たり前です」。なぜでしょう。逆に考えてみてください。すべてに当たり前と思っている人は、「ありがとう」という言葉が出てきませんよね。ご飯が食べられて「当たり前」、両親が面倒を見てくれて「当たり前」、プレゼントをもらって「当たり前」。どうでしょうか？　こういう気持ちでは、「ありがたい」という気にはなれませんね。ですから感謝の気持ちを表す「ありがとう」という言葉が出てこないのです。

では、私たちの心を満たしてくれるものは何でしょうか。高級ブランド？　宝石？　出世？　これらのものには魅力がありますね。

しかし、これらはいずれも、欲を一時的に満たしてくれるものです。

さっきも言ったように、幸せに値するようなことが当たり前になっていると、幸せと感じることはありません。「当たり前ではなかった」と気づかせていただくことが幸せなのです。

ある法話会が終わった時、男性が声をかけてくださいました。

「妙慶さん。私は何が嬉しいかというと、健康そのものなんです。これが私の自慢ですわ」と。

でも、健康は自慢することなのでしょうか？　違いますね。健康でいられることがありがたいのです。

また逆に「私は病気の連続です。体がおかしいばっかりに人生が狂いました」とおっしゃる方がいます。しかし、このような受け止め方では、人生の深さは見出せません。健康が自慢という方は、病気が認められず、若さが一番という方は、年を重ねることが受け入れられないのです。

由緒のあるお寺へ嫁いだ若奥さんからメールがきました。

「私は男の子を産んでほしいと願われましたが、出産したのは二人とも女の子。三度目の正直と、ある産み分け100％という産婦人科に行きました。無事妊娠しましたが、またもや女の子。正直言って、この子どもには愛情がわきません。むしろ苦痛です。この気持ちをどうしたらいいのでしょうか」

「業道自然（ごうどうじねん）」という教えがあります。

私たちは男、あるいは女に生まれようと思って生まれたのではありません。この方の場合、何も計画しなくても女であったということなのです。親も産みたいと思って産んだわけでもありません。子どもはつくるのでもなければ、できるということでもありません。すべては「授かった命」なのです。ましてや性別を限定するというのは、命の尊厳を無視するものではないでしょうか。

一九八二年、トマス・バーニーは自著『胎児は見ている』でこう書いています。「胎児にも記憶や感覚があり、ビバルディやモーツァルトの音楽を好み、母親の不安や喜びを敏感に読み取るという事実がある」と。

あなたが苦痛と思った瞬間、お腹の子どもは悲しい気持ちになっているのではないでしょうか？　不安の中にいるのではないでしょうか？　わが子を守ってあげられるのはあなたしかいないのですよ。

宗教は、人生の意味を明らかにし、それぞれに深い意味があるということを教えてくれます。

生きること。老いること。病にならなければならないこと。死ぬということ。「死は必然であり、生は驚きである」なのです。

朝、目が覚めるのも当たり前ではありません。驚きなのです。

今日のできごとも当たり前ではありません。驚きなのです。

すべてのできごとは、今まで見えていなかったことが見えてくる驚きなのです。

病をいただき、それまでは、感じることができなかったことを深く感じる人生に合わせていただくこともあります。失恋して、自分の思いではどうにもならないことを知らされることもあります。不妊になり、人間は計画性だけではどうにもならないことを知らされることもあります。

当たり前であると思っていたことが、実は驚きであることに気づかせていただく、ここに人生の感動があるのです。

●ステップ 3

自分がわからなくなった時のヒント

19

誰かと比較するから本当の自分が見つからないのです

あの人だけには負けたくない！　あの人みたいに強くなりたい！

本屋さんに入ると「頑張ればなんとかなる」といった、自分を奮い立たせる本がたくさんありますね。

勝つ自分、強い自分、成功した自分を夢見てがむしゃらに頑張ろうとするのは、それなりに効果があるでしょうが、やっぱり、頑張る気持ちだけでは無理があるのが私たちなのではないでしょうか。

人の値打ちを、勝ち負けだけで測ることができると思いますか？　そんなことはありませんね。私たちは自然界に生きる「人間」です。張りつめた糸がいつかは切れるように、誰だって今の自分に限界を感じることがあります。そんな時、「私はダメ人間なんだ」「私はあの人と違って、何の役にも立てないのだ」などと卑屈になってしまう人が多くいます。でも、本当に強い人間とは、負けた時にどう自分と向き合えるかです。

私の十代は最悪でした。「何で誰からも認められないのだろう？」「何であの子は人気があるのだろう？」「このまま生きていていいことあるのかな？」と考える日が続いていました。そうなると、「何をしても楽しくないのは、恵まれてないからなんだ」「私が寺に生まれたから夢も制約されるんだ」と思っていました。

ある日、寺の前で土いじりをしていた時、布教先から帰ってきた父に「何だ、抜け殻のような顔して！」と言われました。

「だって何をしてもうまくいかないし、面白くないもの。〇〇ちゃん家の子どもで生まれたらよかったのに」と私は言い返しました。

すると父は「お前をちゃんと認めてくれている方がおられるやろ」と言いました。

「どこにもおらんっ！」と、私は強く反発しました。

父は「お前の足元をよく見てみろ。小さい虫がおるやろ。お前からは見えるが、虫からは見えない。私たちには阿弥陀さんというお方がおられる。阿弥陀さんからはお前が見えるが、お前は阿弥陀さんから守られていることを気がついてないだけや。お前は一人でこうしたい、ああしたいと独り相撲をとってないか？」と言いました。

素直に聞けなかった私は「父ちゃんはいつも私に説教しかせんね！　一人で悟った顔せんといて。だいたい阿弥陀さんって誰が証明したんよ」と言い返しました。

そしたら父は「あのな、悟ったというのは、差（さ）取ったという意味や！　お前は、あの家の子どもは幸せで、私の家は不幸で、これをしたら勝ち、このグループは負けと自分で差をつけているだけや。だから自分の思いが勝手に自分を暗くしているだけなんや。

親鸞というお坊さんはな、苦労のどん底の中に、阿弥陀さまの光を見たのや。自分の中で一線を引いてしまう境界線という差を取ってしまえと言ってくれているのや。自分の『思い』の中にだけ閉じこもらんと、そのままの命を生きさせていただいたらええのや。わしは学歴もない。でも、その中でも生きることのできる世界を親鸞さんは教えてくれた。親鸞さんのお陰でわしはこんなに明るくなれたんや。頭ばっかりよくならないで、お前がここにいることを喜べ！」。

それから三年後、父はお浄土に還りました。

念仏には無義（むぎ）をもって義とす。
不可称不可説不可思議（ふかしょうふかせつふかしぎ）
のゆえにとおおせそうらいき。

「歎異抄十章」

私は親鸞さんのこの言葉にふれた時、父親の言葉がよみがえりました。父は『歎異抄』のこのことを私に伝えたかったのでしょう。

私たちが不安になったり悩んだりする時は、自分の「思い」が中心になり、それを立てようとしているのです。「あの人には負けたくない」「認められたい」、これらはすべて自分が中心となった思いです。そして、そうそう自分の思いどおりにならないのが現実です。そこを見ようとしないで、自分の負けを認めたくないために、環境が悪い、恵まれていないと、外ばかり責め、腹を立てていたのです。

そうではなく、「不可称、不可説、不可思議」、つまり、自分の思惑になることは一つもない、むしろそこから力を抜き、解放された時に「すべては不可でありました。一つひとつのできごと、出会いから本当の私になれました」と、親鸞さんは気がつかせてくださっているのです。

自分で思い描くことは悪いことではありません。しかし、100%かなうと思うから、かなえられなかった時の落ち込みが大きくなるのです。思うようにしたい、つかみたいと近寄るほど、しがみついた生き方しかできません。そうならないためには、自分のつくりあげた理想像から離れて見ることです、

たとえば大きな物体をカメラに収める時、近距離ではフレームに入りきれません。その時は何歩か離れて撮影します。それと同じように、視点を変えて一歩離れる、間をおく、――、そうすれば、あなたの器にちょうど入りますよ。

20 なぜ、他人の視線が気になるのですか？

みなさんは外食を一人でできますか？　喫茶店なら入ったことがあるけど、一人で食事はできないという方もおられるでしょう。なぜ一人では食事ができないのでしょうか――。それは一人で寂しく食事をしている自分を間接的に見てしまうからではないでしょうか。

「あの人、一人ね。友だちいないのかな？　寂しい人生！」と勝手に妄想してしまい、他人からもそういう目で見られていると解釈してしまうのです。

しかし、ここには、他人の視線を気にしているという問題があります。他人の視線が気になると、いつもいつもおびえて暮らさなければならなくなります。

私たちは、小さい時から「他人の目」を多少なりとも気にして生きてきました。近所の目があるから恥ずかしいことをしてはダメだとか、後ろ指をさされないようにしなさいとか、常に世間という評価を気にして生きてきました。

たしかに、他人の目があるから、罪を犯さずにすんでいるところがあるでしょう。しかし、もう一歩、踏み込んで考えてみると、そこには、自分の行動に自信がない時、他人の目で評価をいただき、常識という枠の中に納まることで安心したい自分がいるのかもしれませんね。

お釈迦さまの時代、「貧者の一灯」というお話があります。お釈迦さまをもてなすために、お金持ちはたくさんの灯火をつけました。しかし、強風にあおられて、すべて消えてしまいました。ところが一つだけ消えなかった灯火がありました。それは貧しい少女が供養した、たった一つの灯火でした。このお話の中で、お釈迦さまは、「仏教というものは、たくさん供養できるとか、できないという外見上の問題ではなく、一人でも多くの人が本当の信心を獲得することが最も大切だ」と教えています。

「世間の目があるからやります」「今、注目されているから私も波に乗っかります」という方がいます。他人の目を気にするあまり、自分の意思とは関係なく、これもあれもと手を出して自分を落ち着かせているのでしょう。こんな時はどうしたらいいのでしょう。

親鸞聖人は、「『信心』をしっかり持ちましょう」とおっしゃいました。

本願力にあいぬれば
むなしくすぐるひとぞなき
功徳の宝海みちみちて
煩悩の濁水へだてなし
（高僧和讃）

「本願力にあいぬれば」ということは、「阿弥陀さまの救済の願いに遇（あ）えたならば」という意味です。それは、「阿弥陀さまの願いを受けとめる信心を得ることができたならば」と同じ意味です。信心を得ることができたならば、「空しく生きることはなくなるよ」ということなのです。

でも、ちょっと待ってください。空しくなくなるというのは、これから楽しいことばかりで、すべての欲望がかなえられるという意味ではありません。「人間らしく生きていきたい」という心で満たされることなのです。

親鸞聖人は、「空しさ」を本当に超えていける道が「信心」であると教えています。私はこれで生きていくのだという信心がはっきりしたら、灯火は消えることがありません。世間の風では決して消えないからです。

ある冊子にこんな詩が紹介されていました。

おつきさま
おつきさまは
あんなにちいさいのに
せかいじゅうにみえる
「一年一組 せんせいあのね」より

これは小学一年生が書いた詩です。この幼い子どもの小さな瞳は、世界中の人びとを照らしている光があることを知っているのです。

あの人がこう言うから——、あの人の機嫌をとりたいから——。

あなたはいつも誰かに人生を決めてもらうのですか。

そんなことはありませんよね。

どんな時も、夜の闇の中でも、一つの光が私たちをそっと包んでくれています。

あなたの信じた道を歩んで行きましょう。

21 悩みは、上着のように着たり脱いだりできません

合掌しながら「幸せになれますように――」。

神社仏閣でよく見る光景です。

私は、頭から「幸せになりたい」と願う人には、なかなか幸せはやってこないと思っています。「なーんだ！　この本を買わなければよかった」と残念がらないでくださいね。まあ落ち着いて聞いてください。これからその理由を話しますから――。

幸せになりたいという人は、大きなものを見落としています。足元にある幸せを見ようとせず、どこにあるかわからない幸せを探している人が多すぎます。

それに、大きな幸せを目標として掲げすぎます。目標が大きすぎれば、願いがかなう割合も低くなります。そして、なぜ幸せになれないのかと、不満が噴き出してくるのです。

不満が噴き出る理由は、幸せになることが当たり前と思っているからです。つまり、苦労や挫折がまったく受け入れられなくなっているのです。

オセロゲームをご存知ですよね。オセロはまさしく人間そのものを象徴しています。石は片方が黒で、もう片方が白です。たとえば不幸が黒だとして、不幸な私がいつか幸せの白に変って、すると、またひっくり返されてしまいます。

どちらに転んでも、それが人間なのです。

完全な不幸、完全な幸せというものは世の中にありません。幸せな一瞬一瞬に気づくことができるかどうか、感じることができるかどうか、これが大切なのです。

今、あなたに悩みがあるとします。でも、「悩みをなかったことにしたい」と、オセロの石のようにひっくり返したりはできません。なぜなら「悩みの事実」は、なかったことにできないからです。

大切なのは、悩みという黒ができた時でも、いつでも白にひっくり返せる要素を持っているのだということに気がついてほしいのです。

たとえば、今、自分がこうして生きているということは、食べたものを胃袋が一生懸命に消化してくれているからです。命は明日もあるとは限らないのですが、それなのに消化してくれているのです。その理由はというか答えは一つ、私たちを生かすためです。心臓は身体中に血液を送っています。休むことなく働いてくださっています。理屈をこえて、文句も言わずに、この身を引き受けています。

しかし、私たちはどうでしょうか。ものがあふれ、便利になり、そのことに目をとられてしまって、いちばん中心になる「命」の尊さを当たり前のものと見すぎていないでしょうか。

蝉脱（せんだつ）という言葉があります。

蝉の脱皮という意味です。蝉は脱皮する前と後では生きる世界がまったく違います。初めは土の中でじっとしています。しかし時期が来ると土の上へ出て、脱皮するわけです。すると今まで殻の中に閉じこもっていた自分と違う新しい自分と出会い、限られた命を生きていくわけです。

蝉は、こんな世界は嫌だよ、とは言いません。土の中に入り直そうとも言いません。脱皮したことを引き受けて、それをご縁に、わずか一週間という命を精いっぱい生きるのです。過去があったからこそ、今の自分があるのです。

誰でも、「幸せになりたい」と思うのは当然です。しかし、「幸せになりたい」という思いは、心の裏側に、今の自分が認められず、もっと別の世界に本当の夢みる人生があると思っているからではありませんか。

幸せの基本は、今いただいたこの命を大切に生きさせていただくことです。

今をコツコツ引き受けている人にこそ、未来が、夢を連れてやってくるでしょう。念とは、今に心と書きます。お念仏をいただく人は「今を引き受けた人」のことを言うのです。

22 過去にとらわれてはいけません

私たちが生きている中で、変えたくても変えられないものがあります。それは「過去」です。人間は終わってしまった過去を引きずり、「何でこうなったのか」「あの時にこうしたばかりに」などと悔やみます。すると、ますます自分や環境を責めまくり、がんじがらめになってしまいます。

なぜ過去を引きずってしまうのでしょうか。それは「現実を受け入れることができない」からです。

たとえば、あなたが交通事故に遭ったとします。半身不随の状態になりました。すると、「あの時、外出していなければこういう目に遭わずに済んだのに」とか、「何も悪いことをしていないのに、なぜこんな目に遭わねばならないのか」などと、嘆きや悲しみが爆発します。健康な人を見ては怒ったり、また、そんな自分の姿を憎んだりします。そういう状態を「現実を受け入れられない」と言います。

ちょっと極端な例を出してしまいました。半身不随状態になったら、誰だってそう簡単に受け入れられるものではありませんよね。当たり前です。でも、それを承知で話を進めます。

山岡鉄舟をご存知でしょうか。江戸から明治にかけて活躍した剣の達人であり、禅の悟りを開いた人です。

その鉄舟が重い病気になって余命いくばくもなくなった時、友人たちが見舞いに行こうということになりました。しかし、誰も行きたがらないのです。相手は悟った人間です。下手な言葉かけもできません。勝海舟なら何とか見舞いを上手にするのではと考え、みんなで頼みこみました。

さっそく海舟が見舞いに行き病室に入ると、鉄舟が待ち構えていました。そして「お先に失礼する」と今生の別れを告げたというのです。

そうしたら、海舟が「お前、うまいことやったな」と返事をして、それで見舞いの挨拶がすんだということです。

なお、山岡鉄舟は、座禅しながら亡くなったと言われています。まさに観念した姿だったのですね。

私たちは「思い」の中で生きています。「幸せになりたい」「楽しい人生を送りたい」など。しかし、それらのものはすべて錯覚なのです。自分の中で楽しさを夢見て追い求めているだけなのです。

つまり私たちは、「今」という現実に、昔のことをあれこれと持ち込んで「本当は健康だったのに」「本当はあの人と結婚できたのに」と思い悩み、今と昔が混合してしまっているのです。誰だって逃げ出したい、苦しいことはあります。苦しいのは「他人と自分を比べるから」です。本当は、比べることは何一つないのです。

今の「身の事実」をしっかりといただき、生きていきましょう。必ず大きな意味となって私たちを支えてくれるのですから。

23 この世に完璧な人なんていません

突然ですが「かんぺき」という字を書いてみてください。

答えは「完璧」です。書けましたか？　先日、国語の先生にこのクイズを出しましたら完璧と書きました。ほとんどの人が「かべ」という字を書きますが、下は土ではなく玉です。このように私たちには思い込みというものがあります。

学歴も優秀、スポーツも万能、家柄もよい、だから夫としても完璧だという人がいます。本当にそうでしょうか？　ある人から見たらそうかもしれません。しかしまた、ある人から見たらそうではない時もあるのです。

たとえば、結婚は夫婦の出会いで変わってきます。茶碗のように器と蓋が合えばいいのですが、どちらかが大きかったり、小さかったりするとピタッと合いませんね。

人間というのは「物の見方次第」で評価が変わってくるのです。完璧と思った人が実は付き合ってみるとケチだった、完璧な男前と思ったのに、酒を飲んだとたんに酒癖が悪かったなど、見たくない一面は誰でも持っています。

僧侶の私も、世間ではさぞかし優しいのだろうと思われていますが、夫からは「いい加減なやつ」と言われています。

そんな私の所に、毎日のように「悩みをかかえた方」からのメールがきます。一人ひとりのメールはさまざまです。本人にとっては深刻な悩みなのでしょうが、メールを見ていて不思議だなと思うことがあります。

「今、食べるものがない。住む場所がない」などという、死ぬか生きるかの衣食住の悩みではなく、「会社で失敗した」「嘘がバレた。どうしよう」「なぜ私は好かれないの」「無気力です」「生きていても意味がない」などの悩みが多いのです。

なぜこうしたことに悩むのでしょう。それは「完璧な人生を歩みたい」という理想があまりにも高いからではないでしょうか。

「結婚したい」、その心の底では、「結婚」＝「幸せになる」と見てはいないでしょうか。「子どもが欲しい」＝「将来、子どもに面倒をみてもらえる」と計算してはいないでしょうか。「健康が続けばいい」＝「病気にはなりたくない」と逃げてはいないでしょうか。

１００％思いどおりになれることを夢見て生きようとすると、なれなかった時、その現実を受け入れることができなくなってしまいます。

親鸞さんは、次のようなお言葉を残しておられます。


異学というは、聖道外道におもむきて、余行を修し、念仏を念ず、吉日良辰をえらび、占相祭祠をこのむものなり。

これは外道なり。これらはひとえに自力をたのむものなり。


「余行を修し」とは、念仏をしながら、「これのほうがよかったのかな？　あちらを信じたほうがいいのかな？」とフラフラした信心を持つことです。

「吉日良辰をえらび、占相祭祠をこのむものなり」とは、仏さまが拠り所だと言いながら、日を選び、方角を選び、金と力を拠り所にして生活をすることです。

これでは本当の仏教を信じたことにはなりません。外道ですよと、聖人はお教えくださっているのです。

なぜなら、老病死の壁にぶつかると、今まで頼りにしていたものは何の役にも立たなくなります。死にたくないといっても、残念ながら人間はいつかは息絶えます。完璧な人生を送ることなど不可能です。むしろ完璧にならないところにこそ、生きる意味が問われてくるのです。

「これらはひとえに自力をたのむものなり」とは、「当てにする人生」という意味です。私たちが何かを決める時、何かを当てにしてはいないでしょうか。「あの人は優しいから結婚しよう」とか「お金持ちだから幸せになるだろう」などです。しかし、結婚したとたん優しくなくなった、お金持ちだけど人には施さなかったということもあるのです。

私の先輩に浅田正作さんという方がおられます。こんな詩を残しておられます。

あてはずれ
あてはずれ
あてはずれつづけて
あてはずれてもいい

大地に立つ

私たちの人生は、当てがはずれてばかりです。そして、その結果、「何かいいことないか」というのが口癖になっている人もいるようです。

仏さんはこう呼びかけています。

「当てがはずれてもいいよ。しっかり大地に根を張ったらいい。上に咲く花ばかりを見ていないで、しっかり大地に立ちなさい」

24 あまり我慢をしないで！

私は幼少のころから「寺の子やろ！　我慢しろ」と言われ続けてきました。なぜ寺の子だけが我慢しないといけないのか、不思議でなりませんでした。今、思えば、仏さまの教えを身近に受けている寺の子は、率先して「よい子の見本」を示しなさいということだったのでしょう。

ところで、「我慢する」とはどういうことなのでしょう。「己《おのれ》を殺す」「自分を犠牲にして生きる」という意味にもとれます。「己を殺す」ということは、本来自分が言いたいことを我慢し、やりたいことを後回しにするということでしょう。

しかし、これではストレスが生まれてしまいます。

「自分は本当はこうしたいのに、なぜあの人は平気でワガママを言うの」「私はなぜあの人のために我慢しなければならないの」という怒りが必ず出てきます。

自分は周りの人に対し、言いたいことや、やりたいことを我慢しているのだから、少しは他の人もそのことを認め、感謝すべきだという気持ちが沸いてきます。

そして、自分が我慢しているから、この会社や家庭はもっているのだと思い込んでいくのです。なのに、みんなが認めてくれなかったりすると、なんて自分勝手なのだろうと非難しはじめるのです。

我慢の「慢」という字は、自分を上げたり、下げたりする心のことです。つまり、慢を上げるとは、「増上慢（ぞうじょうまん）」と言って、「認められたい」「ほめられたい」「思いどおりに生きたい」という心を表します。

どんな人でもほめられるとうれしいのです。しかし、「高慢」という言葉があるように、認められれば認められるほど人間は迷いの世界を歩くことになるのです。すると、今度は逆に、落ちた時の自分が認められなくなってしまうのです。慢を下げるのです。このことを「卑下慢（ひげまん）」と言います。これが「ウツ」「引きこもり」という行動につながってしまうのです。

慢を下げると劣等感しか出ません。「どうせ私はこうなのよ、私のことは誰もわかってくれない」と自分だけの世界をつくってしまうのです。

次に「我」ですが、我とは人間が持つ煩悩の一つで、これも年齢と共に固くなってくる厄介なものです。「私は間違ってない」「私こそが苦労したの」など、自分の考えが常識だと思い込んでしまう心のことです。ですから誰が注意をしても素直に聞けません。

したがって、我慢をしすぎると、ストレスばかりがたまります。すると怒りが先に出てきて、相手を責めることしか考えられなくなってしまうのです。

如意棒（にょいぼう）というのをご存知ですか？『西遊記』に登場する孫悟

空が、如意棒を使って思いどおりに、自由自在にすべてのものを操ろうとしますね。

自我のまま暴走してしまう孫悟空に、お釈迦さまは「武器をはずした所に人の出会いがある」ことをさとします。私たちは「如意（思いどおりの人生）」を生きているのではありません。むしろ、「不如意（思いどおりになれない）」の人生を生きなければならないのです。その「思いどおりになれないことを学び、それを受け入れ、転じていくしかない」のです。

慢を上げたり下げたりするのではなく、我を強くして自分を守ることでもなく、力を抜き、今のそのままを受け入れていくのです。人生はやり直すことはできません。しかし見直すことはできます。

今の自分をそのまま認め、そのままの私を活かしていきましょう。そして反省するところは素直に反省していきましょう。それがあなたの大きな成長となるのです。

ワガママを言いたくなったら、また「我」と「慢」の心が出てきたな、と自分をしっかり観察していきましょう。

25 すべてを正直に生きましょう

「正直」っていったい何でしょうか。前もってお伝えしておくことは、「我こそは正直」という人ほど怪しいということです。

暁烏敏（あけがらすはや）さんという真宗大谷派の僧侶がおられました。全国から暁烏先生の話を聞きたいと多くの方が集まったそうです。

ある日のこと、暁烏先生は、親鸞聖人の「善人なおもて往生を遂ぐ　いわんや悪人をや」の一説を引用されました。「善人が往生するのであれば、ましてや悪人はいうまでもない」という意味です。すると聴講していた人が「先生！　悪人が救われるなら、正直者がバカをみます」と言ったというのです。すると暁烏先生は「正直者？　いるなら前に出てきなさい」とおっしゃったそうです。

この聴講者は、正直者とはまさしく自分のことと言いたかったのでしょう。バカをみるというのは、「私は損ばかりしている」「私は正直者」と言いたかったのでしょう。

でも、「我こそは正直」と言っている人ほど、人の非を認めることができず、自分の善ばかりを主張しているようです。親鸞聖人はこういう人こそ、いちばん怪しいとおっしゃったのです。

大切なことは、正直者だと主張することではなく、むしろ正しく生きる智恵をしっかり身につけて、いつでも軌道修正できる、心を直すことのできる「柔軟な人間」であることです。

正しいと思っても、人間は長年生きていると、考えが固まったり偏ったりしてしまいます。それを臨機応変に手直ししていく必要があるのです。しかし、直すといっても自分ではできません。なぜなら、私たちは、仏さまの教えをいただき、直させていただいているからです。「自分の都合」で直してしまうことはできないのです。

では、正しいとは何でしょうか。

ここは大切なところです。よく心に留めておいてください。

正しいとは「止まる」ということです。どんなことがあっても突き進むということではなく、まず、いつでも立ち止まることができ、そして、足元をしっかり見ることが大切なのです。

親鸞聖人は「成功するだけが人生ではない。むしろ失敗した時にこそ、失敗で終わらない人生がある」ということをお教えくださいました。

「正」という字は止まるに一が合体した字です。

失敗した所が、また、スタート地点となるのです。いつでもここから出直せるということなのです。そして正直の「直」ですが、この字は「間もなく」という意味があります。自然の流れの中で、直に《すぐ》（間もなく）変わるよ、という力を抜いた状態が正直なのではないでしょうか。

正直の反対は「嘘」です。嘘をついてもいつかは必ずバレます。また嘘は相手を傷つけてしまいます。自分をもだますことです。

正直に生きるということは、「そのままの私をしっかり認め、道に迷った時は力を抜いて立ち止まりなさい」ということなのです。

26 ひたすら優しくしてみましょう

私はよくお見合いを頼まれます。「どんな人がいい？」と好みを聞くと、ほとんどの方が「優しい人」と答えます。たいていの人は相手に「優しさ」を求めているのですね。

たくさん傷ついてきた人は、とくに優しさを求めるようです。

でも、優しさって何でしょうか？　包容力がある、情がある、思いやりがあるなどあげられますね。たとえば「思いやり」について考えてみましょう。「思いやり」とは「思い」を相手に対し「やる」ということです。別に、ふざけているわけじゃありませんよ。

友だちが失恋したとします。自分も過去、失恋の経験があれば「あなたの気持ち、わかるよ」と相手に深く同情するでしょう。相手の辛い姿を見ていると放っておけないと、自然に思いやることができるのです。

しかし、優しさにはそれ以上のものがあるのではないでしょうか。つまり、自分で経験していないことに対しても「思い」を「やる」ことができるかということです。あなたと同じ気持ちにはなれないけれど、でも、何とか理解したい！と相手の気持ちに寄り添うことではないでしょうか。

言葉が上手とか、表現がうまいから「優しい」とは限りません。優しさはテクニックではありません。ある方が「私は優しくされたことがないから、優しくできない」と言いました。辛い時、誰からも相手にされず、優しい言葉をかけてもらえない方は、悲しいことに、何が優しいのかわからないのでしょう。優しさとは「体温で感じて」、初めてわかることなのです。

さて、その優しさには「柔軟さ」が大きく関係しています。優しい人の考え方や行動には、「ものやわらか」な態度があふれています。ですから、仏教では「優しい」という意味の中に、「緩ます」「許す」という意味が含まれているのです。

余談ですが、俳優の友人に聞いた話です。新人俳優が初挑戦する役は刑事役が多いそうです。その刑事でも「やたら怒りまくる」役だそうです。怒る役というのは簡単にできるそうです。机をひっくり返して、喚き騒ぐのは演技が下手でもできるというわけです。

最もむずかしいのは「優しくて人情味あふれた」刑事の役で、それにはさまざまな経験がないとできないそうです。若い方はご存じないかもしれませんが、亡くなった藤田まことさんの『はぐれ刑事純情派』がそうでしょうか。

つまり、「お前、母さんがこのことを知ったら悲しむぞ！　お前は罪を犯すために生まれたのではないのだぞ」という慈愛に満ちた言葉は、自分自身の人生の味を知ったある程度のベテランでないとできないというのです。

ですから、私たちも、優しくなろうと思ってなれるものではありません。でも、優しくなろうと、心をゆるめてほしいのです。

絶対にあいつは許せないという人もいるでしょう。あの人は大嫌いという人もいるでしょう。しかし、人にはそれぞれの生き方があるのだな、と認めてあげましょう。

私たちはさまざまな人間関係の中で生きていかなければなりません。腹もたつこともあります。何であの人は優しくないの？　と怒りたいこともあるでしょう。でも、そういう人は、どう振る舞ったらいいのかわからないのです。だったら、あなたが「優しく」してあげませんか？　優しさを「姿、言葉、行動」で見せてあげませんか？

人間は、優しさに触れて、優しさに感動し、私もそんな人になりたいと思うのです。怒りでは何も伝わりません。慈愛の気持ちを素直に表していきましょう。その心に相手は必ず変わっていくと信じましょう。

27

辛い時は自然に目を向けてみましょう

一生懸命生きているのに「何でこんな目に遭ったりするのだろう」と嘆きたくなることってありますね。お釈迦さまは「一切皆苦(いっさいかいく)」とおっしゃいました。つまり生きていくことはすべてが苦であると説かれたのです。

たとえば、就職試験に受かって憧れの仕事につけると思いきや、人間関係が最悪ということもあります。好きな人とやっと結婚できた、しかし、その彼が浮気をしたということもあります。

いつまでも元気であり続けたいと思っても、知らず知らずのうちに日々老いていきます。欲しい物が手に入らず、悲しい別れに涙を流します。

これが人生なのです。しかしなぜ「辛い」と思うのでしょう。それは私たちが自然に逆らって生きようとしているからなのです。

親鸞聖人は、晩年『自然法爾章（じねんほうにしょう）』を書かれました。漢音では「しぜん」と読みますが、お経は呉音ですので「じねん」と読みます。読み方の違いだけかと思われますが、まったく中身も違ってくるのです。

自然（しぜん）というのは、景色をみながら「自然でほっとするね」と言ったりします。また、自然化粧品が流行するように、何も不純物の入らない、ナチュラルという意味で使います。対象物に自然があるのです。

自然（じねん）には、自然の景色の中に「人間も入っている」ということです。

その自然（じねん）には「無為自然」「業道自然」があります。

一つ目の、「無為自然（むいじねん）」は、わかりやすくいえば「事実ありのまま」という意味です。山は山、川は川、木は木と人間が手を加えなくてもすでにできあがっているということです。

ですから、菊は菊としての花を咲かせ、松は松としての人生を生きる、「なるようになっていく」という縁起の道理という意味なのです。菊の種から生まれたものが、桜になったりしませんよね。私たち人間もそうなのです。

しかし、人には煩悩があるために「私はこのままでは嫌だ！　違う人生を生きる」と自分自身を自然破壊しているのです。あの人みたいになりたいというのは、まったく自分という人間を見ようとしないことです。無為自然は、まずは「自分そのものを見ていこう」とお教えくださる言葉なのです。

二つめは「業道自然（ごうどうじねん）」です。

これは人間のありかたのことです。みなさんは「男に生まれたい」と思って男に生まれましたか？「女がいい」と思ったから女に生まれましたか？　そうではありませんよね。

気がついたら男だったとか、女だったということです。そして、「男」として「女」としていただいた業を引き受け、生きさせていただいています。

欲しくても子どものできない夫婦がいる一方で、無事に授かったご夫婦がいますが、これなど、授かるのも授からないのも、「業道」という人生なのです。どちらがよいとか悪いとかいうことではありません。それぞれの人生を味わわせていただくということなのです。

しかし、これが業道だと受け取れないのが、私たち人間なのです。人間には山や川、海にはない「煩悩」があるからです。その結果、今度は「愚痴」が出てきます。「何でこんな人生なの？」「私だけ貧乏くじを引いているみたい」と不満をもらすのです。愚痴をこぼしてしまうのは、業道自然を受け入れることができないということです。ではどうしたら「受け入れる心を持てる」のでしょうか？

話が戻りますが、それは、無為自然をしっかりと知るということしかないのです。疲れきったという人が、気分転換で自然でも見ようと言いますね。これは理にかなっているのです。まさしく自然から学ぶということなのです。

雑草はみんなから踏みつぶされていますが、しかし、自らが曲がり、また時期を待ちながら立ち直っていきます。柔らかさの中にはバネがあるのです。

私たちは無為自然の中から生まれてきているのです。誰にも認められないからといってやけになるのではなく、自分の人生をそのまま受け入れる心になってほしいと仏さまは願われているのです。

では、努力することは無駄なのでしょうか？　無為自然は、まるでやる気を失ってしまう教えのようだと思われる方もおられるでしょう。そして、いくら無為自然に立ち返ろうとも、業道自然を受け入れようとしても、どうにもならないこともあります。そこで登場するのが仏さんというわけです。「どうしたらいいの？」と悩む私たちを、自然と導く働きをしてくださるのが仏さんの本願なのです。水が上から下に流れるように、「なるようになる」ということを教えてくださるのです。

性格を直したいと言って来られる方がよくおられます。性格は自分の歴史です。朝顔のつるはグルグルねじれているから朝顔なのです。ひまわりは真っ直ぐ天に向かって伸びています。華道ではこのことを「出生（しゅっしょう）」と言います。私はこのモノとして生まれたということです。

しかし、その性格も、出る場所によって活かせる時と、邪魔だという時があります。邪魔だという時は、「ああ、この場では活かせられなかったな」と思えばいいのです。

「なんで私はダメなの」と握りこぶしを振り上げて訴えるからダメなのです。自我を中心とした「ワガママ」に生きるのではなく「ありのまま」で、生きさせていただきませんか？

あとは仏さんがあなたを引き受けてくださると信じてください。

辛い時、どうして無理に流れにさからって生きていかなければならないのか自問してください。川の流れを、下から上に上ろうと思っていないか、よく考えてください。あとは仏さんが流れのまま運んでくださいますよ。

28 どんな悩みも一カ月もあれば薄れてしまうものです

私たちには変えようと思っても変えられないものがあります。それは「過去」と「他人」です。

どんなに悔やんでも、どうすることもできません。他人もそうです。「私がこんなに愛しているのに、なぜあなたは振り向いてくれないの！」と力んでもどうしようもないこともあります。

しかし、人間は考え直す知恵をいただくことができます。その知恵はこれからの人生をどう生きたらいいのかという方向性を示してくださいます。

ところで、私たちの「悩み」とは何でしょうか。それは「欲を満たしたい」という心です。たとえば、病気になって悩む、それはいつまでも健康でいたいという欲があるからです。あの企業に入社したかったのに入れなかった、その心の奥底には人からうらやましがられたいという気持ちがなかったでしょうか。

「欲しい」「手に入れたい」ということで、初めはそこそこ頑張ります。しかし思いどおりにならなかった時、今度は、「現実」と「思い」が戦いはじめ、「現実」が残っていきます。

すると時間と共に、私は何をムキになっていたのか？　と肩の力が抜けてくるのです。それが時間という日にち薬なのですね。

さてその苦しみの世界は、地獄というイメージがありますね。

昔、一メートルもある長い箸を使って食事をする二つの国がありました。一つの国は、自分だけで食べようとする人ばかりです。しかし箸は長く、自分の口には食べ物が届きません。もう一つの国ではお互いに長い箸で相手の口に運んであげるのです。するとおいしいものも十分に食べることができる、豊かな人間関係ができました。

私たちは、苦しみの世界を自分の力でつくっているところがないでしょうか。長い箸の使い方でわかるように、この世をすばらしい世界にするのか、嫌な世界にするのかは、自分をどの位置に置くかで違ってくるのではないでしょうか。

水蒸気が雲となり、やがて雨となって降るように、私たち人間もこの地球上に生まれてきました。そしてそれぞれの意味を持って、何かのお役に立たせていただいています。しかし、その意味さえも見出せず、悩んでいる方がいかに多いことでしょう。

雨は、さまざまなことを教えてくれます。雨の降る場所はさまざまで、降った所それぞれで、長い川を延々と旅するものもあれば、水たまりとなってしまう雨もあります。人間も同じです。生まれる場所も、その人生もさまざまです。

しかし、雨は、「こんなところに降ってきたくなかった」とは言いません。お花の上に落ちる雨もあれば、コンクリートに叩きつけられる雨もあります。そして、さまざまな汚れをかかえ込んで、仏さまの懐である海に流れ込み、その一生を終えるのです。

しかし人間はどうでしょう。そんな所なんかに流れたくない！　自分で自分の流れをつくるんだと、いきがってはいないでしょうか。

雨のように、どこに生まれようと、どんな人生を送ろうと、それを素直に受け止めて、自分でできることを精いっぱい働かせていただきませんか？　今、与えられた条件に不満を言いながら暮らすより、その条件を十分に活かし尽くした人生を送りませんか？　その受け入れる心が花を咲かせてくれるのです。

日に寺と書いて時（とき）。たまにはお寺に行って座りましょう。時と共に私たちは立ち直らせてもらえるのですから。

●ステップ４

人間関係に迷った時のヒント

29 恥をかかせていただく気持ちで話しなさい

外食して支払いの時「おあいそをお願いします」と言ったりしますね。とくに寿司屋や小料理屋で支払いをする時に「おあいそ」と言います。

でも、本来「おあいそ」は客が使う言葉ではなく、店の人が客に対して使う言葉だそうです。「愛想がなくて申し訳ありません」とか「愛想づかしなことではありますが」などと断りを言いながら、客に勘定書を示したところからきていると言われています。

それがだんだん短くつまって「あいそ」、ちょっと丁寧に「おあいそ」となり、いつしか「おあいそ」だけで勘定の意味を持つようになりました。そして客のほうも、自分からその言葉を使うようになったようです。

愛想は人間関係の中での一つのマナーです。最初が肝心と言いますが、初めて会話を交わす時、愛想のいい人は感じがいいと思います。似た言葉で愛嬌という

郵便はがき

料金受取人払郵便

日本橋支店
承認

4621

差出有効期間
平成24年 1月
31日まで

103-8790

052

東京都中央区日本橋小伝馬町2-5
F・Kビル

株式会社 教育評論社
愛読者カード係 行

ふりがな		生年 19□□年	
お名前		男・女	歳
ご住所	〒 都道府県 区市・町 電話 ( )		
Eメール	@		
職業または学校名			

当社は、お客様よりいただいた個人情報を責任をもって管理し、お客様の同意を得ずに第三者に提供、開示等一切いたしません。

愛読者カード

※本書をご購読いただき有難うございます。今後の企画の参考にさせていただきますので、ご記入のうえ、ご返送下さい。

書名

●お買い上げいただいた書店名

（　　　　　　　　　　　　　　　　　　）

●本書をお買い上げいただいた理由

□書店で見て　□知人のすすめ　□インターネット

□新聞・雑誌の広告で（紙・誌名　　　　　　　　　　）

□新聞・雑誌の書評で（紙・誌名　　　　　　　　　　）

□その他（　　　　　　　　　　　　　　　　　　）

●本書のご感想をお聞かせ下さい。

○内容　□難　□普通　□易　　　○価格　□高　□普通

●購読されている新聞、雑誌名

新聞（　　　　　　　　）　雑誌（　　　　　　　　）

●お読みになりたい企画をお聞かせ下さい。

●本書以外で、最近、ご購入された本をお教え下さい。

購入申込書	小社の書籍はお近くの書店でお求めいただけます。 直接ご注文の場合はこのハガキにご記入下さい。
書　名	部　数
	冊
	冊

ご協力有難うございました。

のもそうですね。でも、状況によっては、愛想は相手を傷つけたり怒らせたりすることもあります。

二十歳の時、私は真宗を学ぶために京都の大谷専修学院という全寮制の学校に入学しました。そこでの生活で、私はみんなに気にいられることばかり考えていました。すると、ある日、担任の先生が私にこう言いました。

「川村。お前、いつもニコニコ笑って愛想のいい子やな」

私はほめられたと思い、「ありがとうございます。これが私の取り得ですから」と答えました。

すると次に先生は、「お前はそんなに愛想を振りまかなければならないほど、過去が暗いのか？」と聞くのです。私はその言葉が理解できませんでした。「どういう意味なんでしょうか？」と問い返しました。

先生は、「お前はニコニコ笑うために、人の機嫌をとるためにこの学校へ来たのか？　そうやないはずや。愛想をよくすることによって自分をごまかしているだけや。お前がこの学校へ来た理由を教えてあげようか。

『父さんが亡くなりましてね。門徒さんがすべていなくなり、ゼロ軒になりましてね。兄が引きこもりになりましてね。これから私はどうやって生きていったらいいのですか？』という心の叫びがあるのと違うか。

人には表もあれば裏もある。明るい自分もあるがその中に隠された心の内という暗さがあるのや。

愛想というお面をかぶり、お前は心の内を見破られまいとしているのと違うか？

そのお面を取れ！　そのままの自分と向き合えよ。辛いときは辛い自分。本当の姿をしっかり仏法という鏡に照らし、向き合い生きていけ！」

と言われたのです。

私は愛想をつくることによって、何とかその場をしのごうとしたのでしょう。でも、愛想をつくればつくるほど、自分をごまかして生きていたのでした。

私の尊敬する宮城顗先生（真宗大谷派僧侶）がこうおっしゃいました。

「人前で話をする時、愛想で話すのではない、『まいったな、困ったな』という気持ちで挑みなさい。そしていい話をしてやるではなく、『恥をかかせていただく』、そういう気持ちでお伝えしなさい。すると自分にも目の前の人にも嘘をつかないことになる――」

私は気づきました。謝る時も「ごめんなさい。何も気がつけない私がいます」と心から詫びていくしかないのです。目の前の人から素直に学べばいいのです。

愛想は大切なマナーに違いありませんが、表面だけとりつくろった愛想のよさで切り抜けられるのは最初だけです。心は何も感じてないのに、表面だけとりつくろった笑顔では、それこそ本心を見透かされて、愛想をつかされてしまいますよ。

心で感じたことがそのまま笑顔になった時、内面と外面が一体化した自然で素直な笑顔が生まれるのです。

30 自分のことばかり話して周りをうんざりさせてはいけません

沈黙が嫌いという人がいます。とにかくしゃべっていないと落ち着かないというのです。しかし、相手にも聞くことへの限界があります。

会話はキャッチボールです。相手が取りやすいボールを投げてあげるのが基本です。投げる側が、相手が、今どんな気持ちなのかという状況判断もせずに、自分のストレスを解消するかのように投げていくと、相手はその球を受け取れなくなってしまいます。ちなみに、状況判断とは相手がどういう心境かを読み取っていく能力です。状況判断ができない人とは、相手の表情や動きなどから心境が読み取れない人のことですね。

私は僧侶ですから仏事と向き合わなければなりません。

ある通夜でのこと、二人の女性が玄関で打ち合わせをしていました。

「何て声をかける？　こんな時のなぐさめの言葉はないのかしら」

そして、遺族のほうに向かわれました。

「知らせを聞いてびっくりして、関東からかけつけたのよ！　最終電車で間に合ったからよかったわ！　まさかご主人がね。若かったでしょう？　私も決して健康とは言えないけど……」と次から次へと声をかけています。

すると、それまでじっと聞き続けていた遺族が、「悪いけど、黙っててくれんか」ときつく訴えました。言われた二人はびっくりしていました。急いで遠方からかけつけたのに、思わぬ返事にショックだったことでしょう。

相手のためによかれと思って何かを伝えた時、相手も素直に受け止めて感謝の言葉を返してくれる、こちらの気持ちが相手に通じた時、言葉が活きてきます。しかし、この時のように、ときには自分の気持ちとは裏腹な反応が返ってくることがあります。

私たちは「何とか言葉かけをしなければ」と気を遣います。しかし、状況によっては無理に言葉をかけなくていい時があるのです。

大きな悲しみに出遭ってしまった方に「気の利いた言葉」なんてかけられるは

ずもありません。なぜなら遺族は「聞く余裕がない」からです。そんな時は、「辛いね」と背中をそっとさすってあげるだけでもいいのです。人のお付き合いのうちには、言葉のいらない空間もあるのですよ。

目の前の人が「苦しいよ」と叫んだ時、「苦しいね」と、それだけでいいのです。さらに追加する必要はありません。相手が喜んでいる時、「わー！　よかったね」と、その人の心の訴えを受け止め、そのままをそっと返し、悲しみや喜びを共有することしかできないのです。

一方的に自分の気持ちだけを伝えると、相手は寂しい気持ちになります。そうならないために、まず大切なのは、相手の顔を見てお話しするということです。それが状況判断という目をしっかりと開かせてくれるのです。

言葉をかける時には、自分のことばかりではなく、相手の心に寄り添った、真心のある言葉をかけたいものです。

そして、相手と状況判断の行き届いたコミュニケーションを取るには、聞き上手になることです。なぜなら相手も自分のことを聞いてほしいのです。聞いてくれることで嬉しくもなります。

自分がしゃべりすぎたなと感じた時には、「ところであなたはどうなの？」とか、「ぜひ、あなたの考えを聞かせてください」と問いかけてみましょう。それが言葉のキャッチボール、心の掛け合いになるのですから。

31

経験は財産、失敗した時がチャンスです

生きていく中で、私たちはさまざまな経験をさせていただきます。経験とは、この身で感じ、学ぶということです。頭の中での想像はあくまでも仮定です。体で覚えていくことが、やはり、何よりも私たちの成長を促します。

私たちは「失敗」を恐れます。当たり前ですよね。わざわざ失敗しようなんて人はいません。「転ばぬ先の杖」とはよく言ったもので、失敗しないように、失敗しないようにと、前もって杖でたしかめるのですね。しかし、世の中で成功し

て有名になっている人こそ、実は、失敗の連続だったのではないでしょうか。

ところで、あなたは恋をしたことがありますか？　その恋ですが、相手に告白ができないという人がいます。理由は「失恋した時が怖いから」だそうです。

しかし、恋愛はそもそも片思いからスタートするものです。両思いを想定してアプローチするから、思いが届かなかったことを恐れて告白できないのです。

私たちは成功したり、失敗したりして、涙を流したり、喜んだりしているのです。そして、その失敗が、実は、成功への大切なエネルギーになっているのですよ。

さて、仏さまは何の上に立っておられるかご存知でしょうか。蓮台（れんだい）の上に立っておられます。墓石にも蓮台が設けられています。蓮の模様が刻まれているものが多くあります。

実は、仏教と「蓮の花」は深いつながりがあります。

古来、インドでは「蓮の花」はこの世でもっとも美しい花として珍重されてきました。お経の中にも、美しい色と香りによって浄土を荘厳する「蓮の花」が登場します。『法華経』というお経は、お経の名前そのものが「蓮の花」を意味しています。

この『法華経』の原典は、サンスクリット語（梵語）で、「サッド・ダルマ・プンダリーカ・スートラ」と言います。「サッド・ダルマ」とは正しい法、「プンダリーカ」とはインドにある「蓮の花」の一種です。

「蓮の花」は、仏さまのシンボルとも見なされています。凛とした美しさを誇る蓮の花は泥水の中から生まれ、しかもその汚れに染まることがありません。この泥水が私たちの煩悩なのです。

仏さまの世界とは、煩悩のない境地と思っていませんか？　そうではありませんよ。そして、私たちは煩悩を断ち切ることはできません。子煩悩という言葉があるように、煩悩があるから人間なのです。煩悩があるから人と人は共感しあえるのです。

では、どう生きたらいいのか？　煩悩をなくすのではなく、煩悩のまま生きようとしている自分に気がつかせていただいたらいいのです。

この世の中がきれいになれば、悩みがなくなるという方がいます。きれいな国というのはありません。辛いことも経験しなければなりません。きれいな世界を求めるのではなく、私たちが煩悩の泥にまみれても、流されることなく、しっかりとした目を養っていくことが大切なのです。

煩いや悩み、苦しみが尽きないのが人生です。その矛盾に満ちた私たちの生活の中でこそ、仏教の深い願いに触れることができるのです。自分自身の煩悩を見つめる目が深ければ深いほど、他者の悩みや苦しみに共感する心が動き出します。悩みがあるから「何とかしたい」という原動力が生まれるのです。悩みがなくなった時から私たちの成長は止まってしまいます。

失敗して悩んだ経験は、あなたの一生の肥やしとなるでしょう。パチンコではありませんが、釘にあたりながら挫折をくりかえすことで、最終ゴールに行き着くことができるのです。たくましくもなれるのです。

人生は生きてみないとわかりません。失敗した時がチャンスです。人生の妙味を経験してみませんか？

32 自分でなんとかしようと思う心から離れてみましょう

私が学生のころの話です。お付き合いしている彼から「別れよう」と言われたことがありました。彼はラグビー部に所属し、頭もよく、女性にも人気のある人でした。彼がいなくなることはとても不安でした。涙ながらに「嫌だ！」と叫びました。

あの時は、なぜ別れたくなかったのでしょうか。それは、知識豊富な彼と付き合うことで、私も大人になった気分でいたからです。ちょうど朝顔が竿なしでは上に伸びていけないように、彼といるということで安心していたかったのです。

しかし、彼が去って学んだのは、「自分はまったく大人になり切れてなかったんだな」ということでした。私という主体がまったくなかったのです。だから一人で生きることに不安があったのです。今、思えば失恋は苦しいですが、大きな学びをいただいたと思っています。

人間は相手に何かを求めて、依存してしまうことがあります。しかし、それは自分が不安であることの裏返しなのかもしれません。だから相手にその不安を補ってもらおうとするのでしょう。

さて、私のところに悩みメールをいただきますが、その中に「妙慶さん。いい男を紹介してください」とメールがきます。私はその時に「いい男と知り合うには、あなたがいい女になればいいのですよ」と返事をします。

ところで、いい女とは依存しない女と思われがちですが、それは違います。依存しないというのは、他人を当てにしない強い女になれということではないのです。

親鸞聖人がお教えくださった言葉に「他力本願（たりきほんがん）」があります。ほとんどの方が「他人の力を当てにすること」と思っておられるようですが、これは誤解です。逆に、自分の力でなんとかしようという「思い」から、離れることなのです。仏さまは「自力の心を離れよう」と呼びかけをしておられるのです。

私たちは自分の力では何も気がつけません。「力を抜いたところで見えてくること、学ぶことがあります」。それが本願力なのです。

自力は力が入った状態です。執着の心で自分がガンジガラメになっています。

では、執着とは何でしょうか。

私は、御所の周囲を毎日ランニングしています。そこで、三匹の犬をつれて散歩している女性に会いました。犬はそれぞれの行きたい方向へ行こうとします。しかし首はロープでつながれていますから好きに行動できません。すると、飼い主の周りをグルグルと回りだしたのです。ロープが飼い主にからまり女性は悲鳴をあげました。

私は傍に行き「ロープを離したら……」と伝えました。するといったんは、犬はそれぞれの方向に走りましたが、すぐに、飼い主の元へ戻ってきました。

まさしくこれが執着の姿です。自分の手に力をいれ、ロープを握り締めていることが執着です。手放せない状態なのです。自分が自分の首をしめていることになかなか気がつけないのです。

しかし、他力は執着から離れ、自分というものを冷静に見ることができます。それが真の自立した人なのです。自立した人間だからこそ恋も仕事もできるのかもしれません。

寂しいから彼といたいのか、嬉しいこと、楽しいこと、辛いことをお互いに共有できる彼がいるのか――。大きな違いですね。

33 過去にしがみつこうとするから悩むのです

前項でも言ったように、私は御所の周囲をランニングしています。そこで、犬の散歩をしているいろいろな方と出会います。

ある日、目の前を歩いていた犬が大きな穴にはまったのです。飼い主に救い上げられ、しばらく痛そうにしていましたが、間もなく、なにごともなかったように、また歩きだしました。すばらしい切り替わりに感心したものです。

また、かなりの年配の犬が、ゆっくりと飼い主の速度で歩いています。とても楽しそうです。犬はそんな自分の姿をぼやいたり嘆いたりすることがありません。不自由になった老いをそのままに受け入れているようです。

途中に大きな池があります。観光客がパンをちぎって投げ入れています。鯉にエサをあげているのです。するとそのパンが平らな石の上にのってしまいました。一匹の鯉がそれを見つけ、身をすり寄せて食べようとしますが、なかなか口に入りません。

すると、突然、雨が降ってきました。パンは水の流れで池に落ちていきました。それを、傍にいたほかの鯉がすまして食べてしまったのです。しかし、それでも池の中は平和です。取ったほうも取られたほうも何も気にしていないようです。実に平和な顔をして仲良く泳いでいます。しかし、人間だったらそうはいきません。「それは俺のものだ」と、争いが起きるでしょう。自分のしたことにとらわれて自己を主張し、怒ったり、愚痴ったり、争ったりするのです。

犬や鯉は自分の身に降りかかるできごとはどんなことでもそのまま受け入れているのに、人間だけが納得できずに迷っているのです。犬と人間を一緒にするなと怒られそうですが、学ぶことはたくさんあります。つまり「引きずらない」ということです。

犬の場合――穴に落ちた↓痛い↓治った↓次だ

人間の場合――穴に落ちた↓痛い↓だれがここに穴を掘ったのか？　許せん。または私は運が悪いのか？　ではお祓いにいこう

そこに止まり、なかなか次に行けません。そうなると愚痴が出てくるのです。

「なんでだ」「お前が悪い」「世間が悪い」――。しかし、こういった愚痴は過去へと自分を引き戻そうとするだけです。大切なのは、今です。今をどうするのか？落ちたものは落ちたのです。失敗は失敗なのです。それを責めてもどうしようもありません。そのためには、それを「忘れる」ということです。

昔の人は「寝て忘れろ」とよく言ってくださいました。日薬《ひぐすり》という言葉があるように、時間と共に引きずるものがゆるんでくるということなのです

過去にしがみつこうとするから悩むのです。関西弁の「しゃぁーないやん」です。なぜ引きずるかというと、自己中心的な心があるからでしょう。自分が常に中心にあるから、何をしても相手や状況を責めることしかできません。

失敗する縁があればそのようになっていくのです。成功する縁があればまたそのようになるのです。腹が立ったら腹を寝かせましょう、渋柿も時間をかけて寝かせるから甘くなるのです。じっくり時間をかけていくから渋さがとんで甘くなるのです。人生も同じですね。

人間はさまざまな失敗を繰り返します。そして、それは「学び」という妙味に変わっていきます。辛いことは忘れましょう。引きずるから悩むのです。しかし

迷惑をかけたことはちゃんと謝り、向き合いましょう。

親切にしたことも忘れましょう。親切にしてやったということが忘れられないから、御礼がないと不平不満が出るのです。

お寺に行って仏さまの前で静かに合掌しましょう。いろんなことが水に流せますよ。

34

「諸行無常」だから生きていけるのです

人間の体は正直です。嬉しいとなんだか体全体がむずむずワクワクします。食欲も旺盛です。しかし気乗りしないと食欲も減退し、体も動きません。

私はアナウンサーの仕事をしていましたが、実家のお寺を何としてでも復興したいと関西から九州へ帰りました。しかし九州へ帰ったからといって、すぐには仕事もありません。しばらくはおしゃべりの仕事をこなしていました。関西と違って、おしゃべりの仕事をさせていただく場所は限られています。

ある日、結婚式の司会をしないかとお声をかけていただきました。結婚式の司会は大変です。打ち合わせも密にしないといけません。ホテルとの付き合いもあります。常に気を配っていないといけない仕事です。責任が重すぎて、司会当日は憂鬱でした。司会事務所の社長さんとも気が合わず、「この仕事断ろうかな」とずっと思っていました。

そして、やっと司会が終わり、階段を下りている時、足をすべらせてそのままいちばん下まで落ちたのです。きっと気乗りしない正直な気持ちのせいで、足元を見てなかったのですね。

病院のベッドで横になりながら「これはワガママではないんだ。気乗りしないだけなんだ。正直になろう」と思い、その司会事務所を辞めました。すると翌日から肩の荷がおりたようで、毎日が楽しくなったのです。

生きていればストレスはつきものです。そして、ストレスをためないということは「無理をしない」ということだと思います。つまり、因果の道理をしっかりわきまえて生きるということです。

因果の道理をわきまえるとは、原因と結果の法則をちゃんと見据えるということです。この世のできごとはすべて因があって果があります。私が生まれたということは必ず父、母がいたからのことです。「私には父はいません」と言っても、それは道理の法則を無視したことになります。

病気になるということは、病気になる「因」があるということです。働きすぎた、ストレスがたまった、菌が入った、などさまざまな原因があります。生きているということは病気にもなるということ、これが因果の道理なのです。人の力ではどうにもならない、突発的あるいは不可避的な災難にも、不慮のできごとにも遭遇したりします。

無理の無は「無常」ということです。「諸行無常」ということです。この世の中のことはすべて移り変わっているということです。すべての現象が移りゆくからこそ、秋に葉を落とした木から、春には木の芽が芽吹いてくれます。赤ちゃんは育ち、人間は成長できます。諸行無常だからこそ私たちはこうして活かされ、生きていけるのです。

それなのに、春の息吹に芽を出してくれた蕗のとうには目も向けず、散りゆく落ち葉を悲しむのが人間なのです。自分の誕生の奇跡になどに思いを寄せず、死にゆく身ばかりを怖れ、与えられているものを喜ぶことより、失ったものを悲しむ——、どこまでもない物ねだりをするのです。

無理の理は「自然の理」のことです。その働きをしっかり見ていくということです。葉っぱは上から下へと落ちていきます。雨も上から下へ、水も上から下へと流れます。しかし、人間はときには下から上へ上がろうとします。それは無常の理をわかってない姿、無理をしている姿なのです。

辛い時は体が正直に教えてくれます。昔の人は胸に手をあてて考えろと言ってくれました。あなたの胸に静かに聞いてみませんか？「無理していない？」と。

35 大切なのは、答えを見つけることではありません

みなさんにはさまざまな悩みがあると思います。仕事のこと、結婚のこと、子どものこと、夫婦関係のこと、介護のこと、または老後のこと、病気（治療中）のこと、そして人間関係のことなど、悩みのない人はいません。誰もが何らかの悩みを持っています。その悩みが解決できないと、焦ってしまいます。

なぜ人間は焦るのでしょうか。それは「こうなるのでは？」という結果を想像するからです。

私の二十〜三十代の悩みはさまざまでした。恋愛の悩みもありましたが、何といっても仕事の悩みがいちばん大きいものでした。

実家である西蓮寺がなくなってしまうという恐怖がずっと続いていました。というのも、前にも言ったとおり、住職である父が亡くなり、ご門徒がすべて去ってゼロになり、兄が引きこもりになり、私は「今後どうしたらいいのか？」とい

う不安で、さまざまなお寺の住職、恩師の元を訪ね歩いたのです。

ある人は「あきらめてお寺をつぶし、貸し会場にしなさい」と言いました。

またある人は「兄を何が何でも説得し、厳しい修行の場へ出しなさい」、ある人は「葬儀屋さんへお願いに行きなさい」という回答でした。

しかし恩師だけは、「まあ焦るな。時期がきたら兄ちゃんと話せ。それよりお前は娑婆に出て学べや」のひと言だったのです。

この「焦るな」の言葉に、私はなぜか安堵したのです。

ある日、兄の部屋を訪ねました。すると部屋にはA４サイズの紙が山のように積まれていました。「小説を書いている」と言うのです。そのタイトルが『その後の兎と亀』でした。

私は「なーんだ。童話か」と言うと、「そうではない。私と妙慶をたとえながら、親鸞聖人の教えがそこにどう響いたのかを小説という形で書いている」と言うのです。

私は「では兎が私なんだね。のろい亀は兄なんだ」と言いました。すると兄は「なぜ兎タイプとか亀型とか、形に当てはめるのか？　親鸞さんはどちらにも要素があるとお教えくださったんや。お前には兎の要素もあるが、どんくさい亀の要素もある。俺にものろい亀の要素もあるが、ずるがしこい素早い兎の要素もあるのだ」と厳しく言いました。

こんな情熱的な兄はそれまで見たことがありません。さらに兄と話が続きました。兄のその後の兎と亀の話はまたいつか紹介したいと思いますが、私の心を打ったシーンをひとつだけ紹介しましょう。

兎はなぜ負けたのでしょうか。それは亀を意識したからです。「こんなのろまな亀に負けるはずがない」と想像し、昼寝をしたのです。

今度は亀です。亀は初めから兎を意識していませんでした。なぜなら勝てるなんて思ってないからです。それよりも「この山を登るんだ」という願いを一つにしてコツコツ登っていただけなのです。

私たちには捨て去ることのできない「業」という心の荷物があります。一人ひとりがかかえている荷物です。亀にとってはそれが「甲羅」です。その荷物を自分の個性として引き受けコツコツ登りました。ある時には休憩しながらコツコツ登りました。

その結果、勝ったのです。それだけのことです。勝敗を意識したのは兎でした。焦るとろくなことはありません。焦ることで視野が狭くなります。その焦りが、心を狭くさせているのかもしれません。

焦らずに、今の状況としっかり向き合い、引き受けて歩いていきませんか？

結果は後からついてきます。大切なのは答えを見つけることではないのです。

36 人と比べるから不公平と思うのです

みなさんはこれまでの人生の中で「不公平だな」と感じたことはありませんか？

同じ親を持ちながら、兄は頭がいいのに、弟はみんなからできが悪いと言われ、妹は結婚しているのに姉は独身、弟は健康なのに兄は体が弱い、親は商才があるのに息子は不でき、東京に住む人は何でも手に入れることができるけれども、田舎育ちの私は何もできない……。しかし、人は人をそっくり真似ることはできないのです。みんなが同じ人間だったら逆に変ですよね。

私は講演を依頼されると、時間があれば行かせていただきます。講演後には必ずといっていいほど、何人かの方が質問や悩みを訴えてこられます。先日、四十五歳の女性が悲痛な叫びを訴えてこられました。

二十五歳の時、会社の上司から「お前は何も役に立たない人間や」と言われたというのです。それから会社に行けなくなり、部屋から出ることができず、引きこもりの生活を続けているというのです。数ヵ月ではないのです。二十年間も引きこもりの生活なんですよ。人間というのはたったひと言で、それが凶器となって追い込まれてしまうのです。

どんな人にも、その人に合った役割があります。サッカーを例にとってみましょう。まず、それぞれの守備位置があります。

リベロ（スイーパー）というのは、守備全体をコントロールします。英語で「そうじをする人」という意味だそうです。ディフェンダー（DF）のいちばん後ろにいて、他のディフェンダーが敵に抜かれてしまった時、そのピンチをそうじする人です。

ボランチというのはポルトガル語で「自動車のハンドル」という意味です。チームの方向性を決める守備の司令塔の役目を果たすことから、そう呼ばれるそうです。ネーミングの由来だけでも面白いですね。

これを人生にたとえれば、私たちにも、どこかにあてはまる位置があるはずです。そして、それぞれの役割があって一つのチームとなるのです。選手だけではなく、監督、コーチ、サポーター、会場を貸してくれる人、スポーツメーカー、職人、目に見えない多くの人たちが集まって、それぞれの役割を果たしてサッカーを支えているのです。

私たち人間の価値とはなんでしょうか。稼ぎのある人、ない人、老若男女、男前、美人、顔に自信がもてない人、大きな家に住んでいる人、六畳一間に何人かで住んでいる人などさまざまです。それぞれに存在があり、役割があります。

ある女優さんの親友は、田舎に住んで農業をしている女性です。女優さんは、仕事で悩むと彼女へ電話をしたり、遊びに行ったりするそうです。そして元気を取り戻し、また、女優さんとしての夢をファンに向けて提供しているそうです。

お互いの役割があるのです。私も華やかな職業と言われるアナウンサーで挫折しました。しかし僧侶になって、さまざまな人の悩みを聞かせていただいています。昔、一緒に仕事をしていたアナウンサーの友だちからも悩みをいただきます。人間の影の部分と向き合わせていただくのが私の役割だったのです。

また、ある友人はスポーツ選手としての自分に挫折し、運動専門の鍼灸の免許をとりました。おかげでスポーツ選手からひっぱりだこです。それぞれの役割があるということを知ってください。結婚に縁がなかった人がいますが、それは、一人の時間を上手に利用していけということなのです。

お経に「無有代者（むうたいしゃ）」という言葉があります。意味は、人生は一回きりであり、誰も代わることができない、人として生まれた以上は一回限りの命を大切にし、今日一日、この一瞬を大切にしたい――というものです。

私たちは誰も代わることのできない、尊い命を生きているのです。不公平と思うのは、人と比べるからです。比べなくていいのです。あなたは、あなたの意味があって生まれてきたのですよ。

人は、挫折してみて受け入れる場所を見つけることができるのです。能力があろうがなかろうが関係ありません。それは世間の物差しです。仏さまはそんなちっぽけな基準は持っていません。

あなたがいる――これほど尊いことはないのですよ。

37 決め付けるから、自分で自分を追い込んでしまうのです

数学の問題です。1＋1の答えは何でしょうか。

「妙慶さん！　なめてるの？」とお叱りを受けそうですね。そうです。答えは2です。

数学の上では2になりますが、人生の上では2になることもあれば、3になることもあります。またはゼロになることも、マイナスになることもあるのです。

人生を生きる中で正しい答えというのはありません。

しかし、私たちは「この学歴では先は見えている」「体にハンディがあるからもう結婚できない」「過去が悲惨だからこの先もそうだろう」などと答えを見つけてしまいます。しかし、私たちの一寸先はわからないことだらけなのです。

ある日、夫に「ねえ！　私たちってこの先も一緒かな？」と聞いたのです。それは別れるとか別れないとかそういうことではなく、彼の気持ちをたしかめたかったのかもしれません。

すると「わからん」という答えが返ってきました。「わからん」。これはいちばん不安な回答です。でも夫の言うことは理にかなっています。一分一秒先のことは誰だってわからないのです。なのに、「きっと幸せだよ」とか、「最悪の人生」だなんて何か一つの答えを見つけ、それに依存していくのが私たちなのかもしれません。

だから、時代に関係なく、先のことを教えてもらおうという人間の心理にかなう「占い」が繁盛するのでしょう。

親鸞聖人は「今の事実に目を向けてほしい」と願いました。「昔はよかった」とか、

「未来はこうなる」とか、「よい死に方をするのか」といったことを心配し、「答えを見つける」と言っています。

決め付けるから人は自分を追い込んでしまうのです。

そうではありません。まず歩いた道が答えになっていくということです。そのためにも、「今、足元にあるものを見ていきましょう」と聖人は教えてくださいます。

私がお参りしていたお宅に、Yさんという七十八歳の女性がいました。「妙慶さん。私には優秀な息子が二人いる。この息子が頼りなんだ」とおっしゃいました。

一番目の息子さんは大学の教授、二番目の息子さんは会社社長です。ある時、一番目の息子さんが研究中に急死してしまいました。葬儀の時は声もかけられないくらい体の力も抜け落ちた状態で、ただ傍で手を握ることしかできませんでした。そんなYさんをいつも支えてくださったのは二番目の息子さんでした。

それから時間をかけて、Yさんは元気を取り戻しました。「妙慶さん、私は二番目の息子だけが頼りなんや。この息子は独身でね。あとは嫁が来てくれ、孫が産まれてくれたら私は安泰や」とおっしゃったのです。

それから半年たって、息子さんは「結婚したい女性がいる」とYさんに報告したのです。Yさんは「そうか、何歳や？」と聞きました。すると「中国人で二十三歳や」という答えです。Yさんは逆上し「何だと、外国人？　しかも年齢がお前の半分やないか。許さん」と言ったのです。

頭から否定をされた息子さんは、「こんなわからずやの母親とはさよならや！もう帰らん」と言って出て行ってしまいました。

Yさんは息子さんとの連絡が途絶え、いっさい人を寄せ付けず、引きこもってしまいました。私も入れてもらえない日々が続きました。それでもYさんの部屋に向かい、いつも声をかけていました。

Yさんは1＋1＝3という答えを想像していました。つまり息子さんがお嫁さんを迎え、孫でも産まれたら家族が増えて3になると。しかし、お嫁さんが外国人で若すぎるという想定外なことに腹を立て、頼りにしていた息子さんは出て行ったのです。1＋1＋1＝0になったのです。

人間の幸せはプラスに積み上げていくことばかりではありません。こうなるから幸せとは限りません。一つのできごとから二つも三つも選択肢がわいてくるのです。

　葉脈が枝分かれして栄養を届けるように、私たちの血管も枝分かれし、体のすみずみにまで血液を送っています。友人のドクターから教わったことですが、その血管の長さは、静脈、動脈、末梢血管を合わせると、およそ十万キロにも及ぶそうです。

　人生もそうです。くねくね回り道をしながら、枝分かれしながらやっとこれだというものにめぐり合うのです。

　すべての経験は目には見えません。答えだと思えないものも実は答えになっているということもあります。

　私は、Yさんに「お前の結婚したい人はどんな子なんや？」と息子さんに聞いてあげてくださいと言いました。「こんな子」と決めつけるのではなく、息子さんの好きになった女性そのものを見てあげてくださいと言いました。

「一緒に生きる中で、喜怒哀楽の枝分かれを経験しながら、家族は一つになっていくのですよ。これからだって人生の岐路がたくさん出てきます。その都度、柔軟に対応していきましょう」と、お伝えしました。

それからYさんは、息子さんの携帯の留守番電話にメッセージを残したそうです。そして、しばらくして息子さんから電話をいただいたということです。

無理に答えを見つける必要はありません。だって歩いてみないと、そのものを見ないとわからないことだらけだからです。

38 金魚は水槽の外では生きられません

「私はなぜこんな星の下に生まれたの?」と自分の境遇を怨んだりしたことはないですか。「あの人だけなぜ幸せなの? なぜこんなにも不公平な人生なの?」と思ったことはありませんか。

残念ながらあなたの人生は誰とも代わることはできません。自分自身の人生です。どれだけ真面目に生きていようとも、世間で評価されないこともあります。災害に遭った時、「私は何も悪いことをしてないのに」と、どこに向かって嘆いていいのかわからないことがあります。

親鸞聖人は、念仏していただけで弾圧にお遭いになりました。「私が何をしたというのか」と責めたくもなったでしょう。しかし聖人は、このことを「世のならい」だとおっしゃったのです。そして、弾圧に遭ったことを怨むのではなく、今の事実が「私をあきらかにしていく場所」だと立ち上がっていかれたのです。

自分の生きていく場所は、その現場以外にないのです。

たとえば、水槽で生きている金魚です。こんな場所から逃げ出して、鳥のように自由自在に飛びたいと叫んでも、飛ぶことはできません。金魚として生きるしかないのです。そして「水」の大切さを知るのです。

私たちが魚になりたいと海に飛び込んでも、酸素がないと生きていけません。『トムとジェリー』というアニメがありますね。今でも忘れられないシーンがあります。田舎で育ったジェリーはもうこんな所は嫌だと言い、都会に出かけます。初めのうちは見るものすべてが新鮮で刺激的だったのですが、車の量は多い、いつも人が落ち着くことなく歩いている、ジェリーとの生活のリズムが合いません。「ここは僕の生きる場所ではない」と、一目散に田舎の生活に戻るという内容でした。

「人生がこんなに辛いならもう一回生まれ変わりたい」とおっしゃる方がいます。でも、生まれ変わることはできませんし、また、過去は変えられないのです。

辛くても、その現実こそがかけがえのないあなた自身の命を尽くしていく場所だと励まし呼びかけてくださっているのが本願の教えなのです。それが親鸞聖人のおっしゃった「業縁」なのです。「業縁」の中で生きるしかないのです。如来の本願がすべてを受け止めてくださるのです。本願を聞くということは、我が身の現実を知らしていただくということなのです。

「私はいつもこんなおまじないをしているから大丈夫」とか「お守りを持っているから安心」とか「こんな肩書きがあるから身を守れる」とか「こんなボランティアをしているから評価されるはずだ」とかという思い込みは、「業縁」の中ではふっ飛んでしまいます。

評価されてもされなくても、やり続けないといけないあなたの仕事がそこにありますよ、と教えてくれているのです。誰かが見ていてくれるからやるのではなく、それぞれの現場で誰とも代われない命を尽くしていくということなのです。

しかし、「業縁」を無視して「こうならなければ救われない」と言っては苦しんでいるのが私たちです。つまり、自分の思い込みを当てにして、値打ちある人生と値打ちのない人生を決めつけようとしているのです。

親鸞聖人は「雑行（ぞうぎょう）を棄てる」とおっしゃいました。つまり「あれは駄目」とか「これはいいと思い込んでいく」ことを断ち切っていけ、とおっしゃっているのです。

金魚は水槽の中で精いっぱい生きています。あなたはあなたの今のご縁を大切に生きさせていただく、そこには必ず如来の光が差し込んできます。今の自分の人生を受け入れてほしいのです。仏さまは、「ここがあなたの住処（すみか）だよ」と教えてくださることでしょう。

●ステップ 5

幸福を手に入れるヒント

39 失敗したと感じたら、そこからやり直せばいいのです

ある事件を起こした被告人に、裁判官は「なぜ次々に事件を重ねたのですか」と質問しました。すると被告人は「もう引き返せなかった」と言ったそうです。印象的な言葉でした。一度悪いことをしたのだから二回も三回も一緒や、「もう私は悪人なんだから」と開き直ったのでしょうか。自分を自分で止められなかったのでしょうか。

先日、旅行に行き、景色を楽しんでいると、ある大木が目にとまりました。どこまでも上に伸びている大木でした。もしこの木に登ったとしたら、ただ上に登りつめることしか考えられないでしょう。そして、「この先には、もっといいことがある」「今は何もないが、頑張りさえしたら、何とか大成功する」「挑戦し続ければ必ず何かがある」と、先のことに気をとられ、それしか考えられなくなってしまうでしょう。

大木の根元には苔が生えていました。

しばらくその苔を見ていると、「登りつめると、高くなりすぎて枝が折れますよ」

と、教えてくれるようでした。

低い所に生えている苔は折れることはありません。大地の養分を吸収し、ゆうゆうと生きています。

人間は心の中に二つの自分を持っていると言われています。一人は、常に損得で行動する合理的な自分と、もう一人は、それに反発する自分です。たとえば、間違いを起こそうとしている自分の中に、「そうではないだろ」と言い聞かせる自分があるのです。罪を犯した人間を責めながらも、「私はそこまで言えるのか？」と考え直すもう一人の自分がいるのです。

学生のころ、私は道徳や倫理を学びました。しかし、真宗の教えをいただくと「道徳だけでは生きていけない」ということを学びました。

さきほどの被告人が言った「もう引き返せない」というのは、その被告人の本音です。でも道徳なら、ここで「なんという罪を犯したのか。それでも人間なのか」と、責めることでしょう。しかし、真宗の教えをいただくとそうは言えません。「引き返せなかった」と言った気持ちは、その被告人だけのものではないということを学ぶのです。

とは言っても、それは罪を肯定したのではありませんから、誤解のないように。罪を犯さずにはいられないすべての人の心に焦点を当てているのです。

そして、同時に、頑張るだけが人生ではないことも学びます。

頑張るとは、その心の底に、自分にとって得か損かの判断基準があります。「風吹けば桶屋が儲かる」ではありませんが、自分にとって役立つか役立たないかであり、役立つのであれば努力をしよう、努力さえすればいかなる困難も乗り越えられる、目標に向かってのたゆまぬ努力が大事であるという教えです。

つまり、迷わず進めば望みは必ずかなう、希望がかなえられないのは努力が足りないからだ、さあ頑張ろう、努力の成果は必ず報われるということでしょう。

しかし、真宗の学びをいただくと、得か損かでもなく、役立つか役立たないかでもなく、人間の努力がすべてではないことが見えてくるのです。一人の自分が強いことを言いながらも、もう一人の自分が、それをきちんと見直しているのです。

これが大切なのです。自分の気づかないところで、宇宙や自然、そして多くの人びとが、ごく自然に当たり前に、損得ではなく、この私を生かすために働きかけていることに気づかされます。もし、今歩いていることに不安を感じたら、もう一人の自分が後戻りしていいよと教えてくれるのです。

前にも言いましたが、正しいという字は、止まるに一と書きます。この字は、いつでもここに戻っておいで、ここをスタートとしていつでもやり直せばいいのだよと教えています。失敗したら、不安に感じたら、そこで立ち止まり、いつでもそこからやり直せるのですよ。

40 幸せなら態度で示しましょう

魅力的だな、と思う人がいます。それは男女を問いません。共通する点は「また会いたい」と思える人です。ではどういう人が「また会いたい」と思えるのでしょうか。それは、素直に自分の気持ちを表現できる人です。

私はお花が好きです。自分で購入したり、いただいたりもします。幸せのおすそ分けということで、近くに住む、ご門徒でもあるSさんにお分けすることもあります。

すると彼女は「嬉しい！」と体全体で表現します。それだけでは終わりません。お花をいたるところに活けて、さらには絵手紙にして私に送ってくださるのです。

喜びをそのまま表現できるSさんて、とてもチャーミングで素敵な女性だと思います。彼女の家には毎日のようにいろいろな人が寄ってきます。ほとんどの人は彼女と会うと幸せな気分になると言います。

実家の西蓮寺の法話会が毎週第三日曜日にありますが、それに合わせて、Sさんはお菓子をつくってくださいます。押し付けではなく、さりげなく「おいしいから食べてね」とみなさんに配ります。

一方で、知人のDさんから、毎日憂鬱だから遊びに来てほしいとメールがありました。行くと、カーテンを締め切り、ソファーに座ってうつむいています。

理由を聞くと、連れ合いさんの浮気がわかり苦しいというのです。彼女が暗くなる理由が痛いほど伝わってきます。

彼女は頭のきれる女性で、医師をしていました。院内で、やはり医師である男性と恋愛し、彼女は主婦として家庭に入られたのです。その潔さはすばらしいなと思いました。

しかし、彼女には一つだけ欠点がありました。それは深読みしすぎるということです。私がケーキを持っていくと「私を太らそうと思ってない？」とか、「その服、素敵ね」とほめると「私って老けたでしょ？」と言葉が返ってきます。

私は「素直になってよ。連れ合いさんもそう思っていると思うよ」と伝えると、素直になれないと言うのです。理由を聞くと「相手が調子に乗るから」と。調子に乗ることで自分も相手もうぬぼれるからと。

素直でない言い方をすることで、「私は先を読める人間なのよ」ということを表現したいのかもしれません。しかし、人と人が会話をする時は、お金がからめば別ですが、ほとんどの場合、先読みはいらないでしょう。私は「あなたも、連れ合いさんも、お互いに調子に乗ればいいじゃないの」と言いました。

音楽には調子があります。調子は、音の流れや曲全体の印象を明るくも暗くもします。だから、落ち込んだ時、調子に乗ったり、乗らせたりするのは大切なことなんだよとDさんに伝えました。

相手がこう思うだろうという多少の先読みは大切なことです。しかし、あまりにも頭が働くと、目の前にいる人なのに、その人の心とキャッチボールできなくなってしまいます。

「ただいま」と言ったら「お帰り」とそのまま返したらいいのです。「このワインおいしいよ」と言われたら、「うれしいな。お気に入りのグラスで飲もう」と返せばいいのです。それを「ワインだなんて、そんな気分にはなれないわ」と言うから相手はひいてしまうのです。

調子を合わせることは大切です。嬉しいなら嬉しさを表現しましょう。幸せと思ったら、そのままを見せたらいいのです。

Sさんはいつもひまわりのように顔を外に向けています。しかしDさんはいつも下を向いています。うつむくことが続くと気持ちまでも「うつ」になってしまいます。外に向かって正直な胸の内を開いていきましょう。

本音を見せてくれる人に、人は寄ってくるのですよ。

41 優しさにお金はかかりませんよ

「金の切れ目が縁の切れ目」ということわざがあります。似たようなことわざに「愛想尽かしは金から起きる」があります。あれだけ優しかった女性が、男が職を失ったとたんに冷たくなったという話は聞いたことがあるでしょう。しかし本当に肩書きやお金がなくなったから、その人は嫌われたのでしょうか。そうではないと思います。たまたまそこまでの付き合いだったということではないでしょうか。

人はなぜ人を好きになるのでしょうか。それは人が本来持っている優しさ、慈しみの心に寄り添いたいと思うからです。そこにはお金は関係ありません。ブランド物を買ってくれないから嫌いとか、おいしいものを食べさせてくれないから嫌いというのは、その人そのものではなく、大きな鎧兜《よろいかぶと》を背負ったその人の姿に魅力があるからなのです。

仏教では、相手に提供できるものは、お金だけではないよ、もっと大切なものもあるよと教えています。それが布施《ふせ》です。施しをすることです。布施には深い意味があるのです。

仏教では、布施を施すことを最も大切な仏道修行としています。「施しは無上の善根なり」という言葉もあります。

施しとは、物でもお金でもどちらでもいいのです。今それを必要とする人々のために心を込めて捧げることです。しかし、どんなに尊い仏道修行でも、ないものは捧げることができませんね。そこで、「無財の七施」という教えがあります。

普通に「布施」と言えば、「財施（ざいせ）」、「法施（ほうせ）」、「無畏施（むいせ）」の三種類のことです。

「財施」とは、むさぼる心とか、惜しいと思う心、恩にきせる心を離れて、お金や衣食などの物資を必要とする人に与えることを言います。

「法施」とは、物質財物を与えるのではなく、教えを説いてきかせるといった、相手の心に安らぎを与えること、精神面でつくすことを言います。

「無畏施」とは、恐怖や不安、おびえなどから解放させ安心させることを言います。

しかし世の中には、施すべき財もなく、教える知恵もなく、ましてや人の恐れやおののきなどを取り除いてやることなど思いもよらない、という人のほうが圧倒的に多いのです。

でも、それでは信仰があっても仏教の実践などできないことになってしまいます。そこで、費用も資本もそして能力も使わないで実行できる七つの布施のことを「無財の七施」と言うのです。

一、眼施《がんせ》（慈眼施＝じげんせ）

いつくしみのまなこ、やさしい目つきですべてに接すること。

二、和顔施《わげんせ》（和顔悦色施＝わげんえつしきせ）

いつも和やかに、おだやかな顔つきをもって人に対すること。

三、愛語施《あいごせ》（言辞施＝ごんじせ）

やさしい言葉を使うこと。しかし叱る時は愛情のこもった厳しさが必要。思いやりのこもった態度と言葉を使うこと。

四、身施《しんせ》（捨身施＝しゃしんせ）

自分の体で奉仕すること。身をもって模範的な行動を実践すること。

人のいやがる仕事でも、喜んで気持ちよく実行すること。

五、心施《しんせ》（心慮施＝しんりょせ）

自分以外のもののために心を配り、心底から、ともに喜んであげられる、ともに悲しむことができ、他人が受けた心の傷を、自分の痛みとして感じとれるようになること。今の時代はとくに必要な布施だと思います。

六、牀座施（しょうざせ）

わかりやすく言えば、座席をゆずること。疲れていても、電車の中などで喜んで席をゆずることを言います。さらには、自分のライバルのためにさえも、自分の地位をゆずっても悔いないでいられること。

七、房舎施（ぼうしゃせ）

雨や風をしのぐ所を与えること。たとえば、突然の雨にあった時、自分がズブぬれになりながらも、相手に雨のかからないようにしてやること、思いやりの心を持ってすべての行動をすること。

お金がなくても、地位がなくても、優しさを提供することはできます。布施をした時は、「してやった」という気持ちを残さないことです。

私はマイプレジャーという言葉が好きです。あなたの喜びは私の喜びでもあるのですよ。喜んでさせていただきましょう、ということですね。

そんな人間関係を持ちたいと心より願っています。

42 人生は期待どおりにいくテレビドラマとは違います

国民的時代劇と言えば『水戸黄門』ですね。長寿番組ですから変化をつけようと、内容のリニューアルを考えたそうです。まず黄門さまの「印籠」を見せるシーンをはずしたそうです。すると一気に視聴率が下がり、番組にも苦情が入ったとか。

理由は八時四十分にあの印籠が出て、犯人が「あなたが黄門さまでしたか」と頭を伏せる姿が楽しみだということです。つまり「お決まり」のシーンをはずすとは何ごとか！　というお怒りがあったのですね。

私たちはドラマを見る時、自分の人生に置き換えて見ていることがよくあります。『冬のソナタ』が爆発的なヒットをし、しかもご年配の女性までも熱狂したのは、どこかで自分を主人公に置き換えていたからでしょう。そして、青春時代に戻りたい、または戻ったかのような錯覚があったのでしょう。

しかし、どの番組でも、その最後には「このドラマはフィクションであり、実際のものとは違います」とクレジットを入れています。つまり、このドラマはつくりごと、虚構ですよ、作者の想像力によってつくり上げられた架空の物語というとわりを入れているのです。ですから、ドラマが終わると一気に冷めます。これがまさしく親鸞聖人がお教えくださった現実の世界なのです。

私たちには「思い」というものがあります。その「思い」を成就させたくて努力をします。たとえば、こうなりたいと思ったことが、そのままかなえられれば、私たちには何の悩みもありません。あの人が優しくなってくれたらいいのにと「思い」、そのとおりに優しくなれば、思いどおりになったわけですから。

人は思いがとおらないことで落ち込み、悩むのです。

なぜ、悩むのでしょうか。それは、大切なものを見逃してしまったり、または、反対に、見ないように蓋をしようとしているからです。それが、親鸞さんが教えてくださった「現実」なのです。

親鸞聖人のお言葉に、

慶ばしいかな、（よろこばしいかな）
心を弘誓の仏地に樹て、（こころをぐぜいのぶつじにたて）
念を難思の法海に流す（おもいをなんじのほうかいにながす）

とあります。「仏地に樹て」とありますが、「たつ」という文字が「樹木」の「樹」と書いてあります。これは、木がただ地面にのっているのではなく、「地面」と「木」が一つになっている姿を意味しています。どんな苦悩の人生であっても、心の根がしっかりと地面に張っていれば、乗り越えて生きていけるのです。

それを、現実を見ることなく、「何かいいことがないのかな」と過去にこだわり、まだこない未来、または奇跡を求め、足元が宙に浮いた状態でぐらぐらし、悩んでいることになかなか気がつけないのが私たちなのです。

あなたは今どこに立っているのですか？　居場所をしっかり確認してください。そこには、あなたがあなたで生きていける場所が必ずあります。しかし、根のない、いつも足許がぐらぐらしている人生ですと、せっかくいただいた人生が空しく終わってしまいます。根とは、「心の拠り所、支えになるものを持つ」ということです。

でも、勘違いしないでください。支えと「当て」は違います。

「当て」とは、期待して望みをかけるということです。望みを持つということは大切なことですが、しかし、その「当て」が大きな依存心となれば、そのとおりになれなかった時に落ち込みます。少しだけ当てにし、あとは仏さまにおまかせしましょう。

しっかりと根を張って、テレビやお芝居とは違う、あなた自身の人生を楽しみましょう。脚本、演出、照明はすべて仏さまです。主役はあなたなのですから。

43 人が喜んでいたら、「よかったね」と言いなさい

はっきり言いましょう。異性にもてたければ、また、人間関係をよくしたければ、喜んでいる相手に向かって「よかったね」と言いましょう。

しかし、これがなかなか言えないのです。

彼または彼女が「今日、嬉しいことがあったの。○○さんからすごくほめられたの」と言ってきた時、あなただったら何と答えますか？

思わずムカッとして、「うぬぼれるなよ」とか「そんなに嬉しいならその人と付き合えば」などと言い返したりしていませんか？　ムカッとくる理由はわかりますが、相手はそういう意味で言っているのでありません。フワフワしたソファーに寝っ転がりたいように、あなたに甘え、同調してもらいたいだけなのです。それをいきなり否定してしまうと、凹凸のあるソファーに座った気分になり居心地が悪くなってしまいます。

前にも言いましたが、思い出してください。会話というのは言葉のキャッチボールです。相手が投げた言葉のボールをまず受け止めることからはじまります。そして、次に、相手が取りやすい球を投げ返すことが大切なのです。それをイライラするからといって、剛速球（強い言葉）や変化球（嫌味な言葉）を投げつけると、投げたほうは気分がすっとするかもしれませんが、投げられたほうは受け損なってしまいます。

私の友人に、いつもけんかの絶えないご夫婦がいます。遊びに行った時も、私の目の前でけんかをします。その会話を聞いていると、まさに言いたい放題です。私が彼女に「『そうだったの、よかったね』と言ってみたら……」とアドバイスすると「冗談じゃないわよ！　相手がつけあがるじゃないの。外でちやほやされているんだから、家ではびしっと現実の厳しさを伝えているのよ」と、すかさず言い返してきました。

そこで私は「じゃあ、なぜけんかが絶えないの？」と質問しました。すると彼女は黙りこんでしまいました。

連れ合いさんがいくら外でちやほやされていても、それはあくまでも仕事上のことです。

本当に安らげるのは家庭です。いっさいの肩書きを取ったところに安心感があるのです。一歩表に出れば七人の敵ではありませんが、外で仕事をしている人は、いつも鎧兜を身につけているようなものです。それを脱ぎ捨てて、「今日は仕事でこんなことがあったんだよ」と、正直な胸の内を伝えているのです。

今回のけんかのいきさつは、連れ合いさんが「今日は仕事が順調だった」と言い、その時、「よかったね。私も嬉しいわ」と答えたらよかったのですが、「何よ、一人だけ満足顔で。私だって結婚してなければバリバリ仕事ができているのよ」と答えたことがはじまりでした。

連れ合いさんとしたら、いきなり鋭い刃物を突きつけられた感じだったのでしょう。たいていの人はそんな時、「そんなら、こちらも刃物を出すぞ」となり、自分を守ろうとします。これは夫婦だって同じです。

戦うという字の右には弋《ほこ》という字がつきます。これは、相手に向かっていくという意味の字です。お互いが戦っていては和やかな会話などできるはずもありませんね。

では、人はなぜけんかをするのでしょうか。相手に勝つためでしょうか。いいえ、違います。相手に自分のことをわかってもらうために、けんかをしてまでも自分を主張してしまうのです。

人間関係の中で大切なことは、ある意味で、バカになることだと私は思います。しかし、人は賢くなればなるほど、バカになり切れず、私はそんなアホな女ではないのよと、ついつい言ってしまい、そういう態度をとってしまいます。

だから「今日、こういうことがあったのよ」と言われると「そんなこと常識でしょ」とか、「今ごろ知ったの」と言い返してしまうのです。私はあなたより知っているのよ、と態度に表してしまうのです。

でも、そんなところに競争心を出す必要はないのです。

先日、ある女性を食事に誘いました。するとレストランに入るやいなや、「妙慶さん。このレストラン、私オープン当時から知っています。今のシェフになって少し味が落ちたのですよね」と言ってきたのです。私はおごる気が半減してしまいました。「今日はお招きありがとうございます」だけでいいのでは？　と思いました。なにも、そこで、いかにもというような言い方で賢い自分を見せなくていいのです。

ヤッホーと言ったら、ヤッホーと答える、ヤマビコのように、相手の心と向き合っていけばいいのです。

44 自分を「棚に上げる」ことも必要です

え？　棚に上げるということは最低でカッコ悪いことではないの？　と思う方もいるでしょう。たしかに「棚に上げる」とは、なすべきことに手をつけないで先延ばしにするとか、都合の悪いことはさて置いて、相手の批判をするというイメージがあります。

しかし、状況によっては自分のことを棚に上げてもいいのです。棚から見るから見渡しがよくなり、相手のこともよく見えるからです。

先日、私の本をある先輩に読んでいただきました。「僕だったらこんな本はつくらないよ」と批判的な感想をいただきました。昔の私なら、批判されたということだけで反発心を覚え、「本を出版したことのないあなたに何がわかるの」と、攻撃したかもしれません。

批判をされて攻撃的になったりならなかったりするのは、私が都合よく聞き分けているからです。そうではなく、本についての意見として素直に聞けばいいのです。万が一、先輩がほめてくれたとしたら、その先輩は「いい人」になるのですから、勝手なものです。

その先輩は、本の内容を分析する力はあります。たまたま本を書く機会がなかっただけかもしれません。私もそれを知っていて質問をしたのでしょう。「ほめてもらえる」ということを先読みして……。

映画評論家が後世に残る名作映画をつくれるわけではありませんし、書評を書く人がミリオンセラー本を執筆できるわけではありません。それと同様で、自分のことを棚に上げて言いたい放題の人を責めることは早とちりなのではないでしょうか。「あなたの意見など聞きたくない」と相手の言葉をさえぎってしまうと、もう、その人から何も得られなくなってしまいます。

あくまでも、アドバイスはアドバイスで聞いていきたいものですね。

会話をしているとある傾向に気がつきます。大まかに言って、他人を批判する人と、他人を賞賛する人の二つに分けられます。他人を批判する人は、いつでもどんな人に対しても、短所ばかり見ます。主観的な見方ですべてを見るので、どうしても偏った意見となってしまいます。

しかし、この世界で、誰にも後ろ指をさされないような優れた人格者がいるでしょうか。私はいないと思っています。この世の中は乱れているから、社会を正すという正義感で相手を責める方もいらっしゃいます。でも、このような人の意見は、私には、頭ごなしに批判しているようにしか見えません。

また、指導者としての立場上、たとえば、先輩、教師、社長、部長、課長として相手を批判しなければと思いこんでいる方がいますが、それも危険なことです。こんな理由で批判をされたら、された人はダメ人間になってしまう恐れがありますよ。なぜなら、他人を批判して成長させようと必死になると、結局は短所しか見ません。こんな人に指導されたら、相手に長所があっても素直に評価できない偏った人間になってしまうからです。

ではどうしたらいいのでしょう。それは「慈しみ」の気持ちで向き合うということです。

「慈しむ」とは、「大事にする」ということです。慈しみの人は、みんなに勇気を与えてくれます。励ましてくれるエネルギーです。

ときによりけりですが、普通の会話では、まず批判は必要ありません。なぜなら、自分だってほめられる人間ではないからです。たいていの人が、棚にものを上げて話す凡夫だからです。また反対に、しらじらしく賞賛することもないでしょう。素直に「いいな」と思えたら、素直にその人を認めればいいのです。

自分も他人も「大事」にしていきましょう。批判された時、自分が否定されたと思うから辛いのです。自分を尊重しましょう。迷惑をかけているなと感じることがあれば正すように気をつけたらいいのです。

——私も棚に上げて書かせていただきました。

45 怨みは心のつながりを切ってしまいます

あるお宅へお参りに行かせていただいた時のことです。奥さんは足首に包帯を巻いています。なんでも亡き姑さんが買ったフクロウの置物につまずき、足首を捻挫されたのだそうです。

病院からの帰り、連れ合いさんから言われた言葉は「お前が不注意やからや！どんくさいな」だったそうです。大嫌いな姑さんの購入した置物でこけた上に、連れ合いさんのこの言葉で、奥さんの怒りは数倍にもふくれあがっていました。

連れ合いさんの悪口で会話がエスカレートした時に、「妙慶さん、ご苦労さまやね。疲れてはないですか？　こいつ、こんな時に足首捻挫して役に立たないのですよ。アハハ」と、その連れ合いさんが部屋に入ってきたのです。

すると奥さんは、「あんた！　妙慶さんには『ご苦労さん』と優しい言葉を言って、何で私にはひと言も優しい言葉を言ってくれないの。あんたはそうやって女を見ては優しく声をかけるのね。浮気をしていたことも知っていたのよ。私はずっとあなたを怨んで生きてきた。いつ仕返しをしようかと、そのことでいっぱいだったのよ。姑だって死んでよかったと思っているわ。やっぱりあんたの母親だわ」と大きな声で叫んだのです。

するとと連れ合いさんは「またヒステリーがはじまった。情けないですね。お前は昔の怨みをまだ引きずっているのか。いい加減に忘れたらどうや」と言ったのです。そして二人は私を無視して「なまんだぶつ、なまんだぶつ」と声を張り上げ、部屋に入ってしまったのです。

私は何ともいえない気分でした。その時に、親鸞聖人の「自性唯心（じしょうゆいしん）に沈みて、浄土の真証を貶（へん）す」というお言葉が胸をよぎりました。長年連れ添った夫婦です。さまざまなことがあったでしょう。また、夫婦だから好き勝手を言っても通じることもあったでしょう。しかし、二人が称えたお念仏は、「私だけが苦労している。お前にはわからんやろ」と怒りだけをあらわにし、自分の世界に沈み込んでいるようにしか聞こえませんでした。

親鸞聖人は、「その人の悲しみや声にどこまでもうなずき合っていけよ」と投げかけてくださっています。「ともの同朋」ということもお伝えくださっています。自分の世界と他者を断ち切ることはない、「ともに生きていこう」という呼びかけです。

「痛いよ」と言ったら「どんくさいな」ではなく「痛かったか。辛かったな」と、苦しんでいるそのものと向き合え、ということです。何でもない言葉から、命の会話が生まれるのです。人間関係が希薄な現代だからこそ、目の前の人と向き合うことが問われるのです。

帰りに、私はそれぞれの部屋の二人に話しかけました。

「奥さん！　水というのはサラサラと流れるものです。しかし、心の中に怨みを持っていると、その水は氷のように固まってしまいます。すると固まった水は流れていきません。固まるという字は『古いことを箱に入れ込む』という字です。あったことをいつまでも怨んでいると、そこから新しい会話はできませんよ。昔の悔しいことは少しでも水に流しませんか？　すると半分が空洞になります。その空洞に新しいものを入れていけばいいのです。昔あったことを半分水に流しましょう」

「そしてご主人、奥さんの心の叫びに向き合ってあげてください。なぜお互いが怒りの中でいるのかという理由を見てほしいのです。目の前の人と向き合っていける夫婦であってください。お念仏は決して一人だけの問題として納めるものではないのです。辛い時は仏さんが仲介者になってくださいますよ」

ご夫婦は少しずつ笑顔を取り戻しているそうです。

46 いちばん大切なことは許すことです

どれだけ実績を残そうが、修行を積もうが、人は完璧にはなれません。他人に迷惑もかけます。また、ある人には認められても、一方で嫌われることもあります。知らない内に人を傷つけていることもあります。罵られ、怒られ、傷つくこともあります。

親鸞聖人は、私たちはどこまで行っても「凡夫」なんだとお教えくださいました。どんなに威張っている人も、普通に生きている人も、あなたも、すべてが凡夫の身なのです。

しかし、その凡夫というのは人を見下した言い方なのではなく、地球上に生かされている命には優劣などなく、みんな一緒なんだということをおっしゃりたかったのです。

私は、腰の低い謙虚な人を見た時、その方は、ただ頭を下げているのではないと思っています。「この人も多くの人に怒られてきたんだな、その悲しみを知っているからこそ、目の前の人と一生懸命接しているのだな」と感じます。

そんな凡夫である私たちがいちばんうれしいことは何でしょうか。それは「許される」ということではないでしょうか。許されることによって自分自身が解放されるからなのです。では、許すとはどういう意味なのでしょうか。

まずは、希望や要求などを聞き入れる、過失や失敗などを責めないでおく、という意味があります。また、相手がしたいようにさせる、まかせる、自由を認めるという意味でもありますね。それに、警戒や緊張状態などをゆるめる、うちとけるという意味もあります。そして、弓の弦ではありませんが、ギリギリと引き絞ったのをゆるめるという大切な意味もあります。

つまり、何が何でも「こうでなければならない」という固定概念から、「まあ、これでもいいわ」と、ゆるめてあげることを許すというのです。

たとえば、「罪を憎んで人を憎まず」という言葉があります。罪を犯すということは許せることではありません。しかし、罪を犯した人間そのものまで憎み続けると、その人が更生するチャンスまでも失わせてしまうことになります。

人は罪を犯すために生まれたのではありません。しかし、環境や出会いによって、何が正しくて、何が間違った考えなのか、わからなくなる時もあります。罪を犯したから罰するというのではなく、やり直せるきっかけをつくってあげることも必要なのです。反省する時間を与えること。それが、被害に遭われた方、迷惑をかけた方から目をそむけないということなのです。

人は「ここからやり直せ」と許された瞬間、初めて「ありがたい」という気持ちになれます。

仏さまは、私たちをいつでも許してくださいます。失敗をしても、成功しても、それぞれのご縁の中を生きていきましょうとおっしゃいます。

仏説観無量寿経というお経の中に「摂取不捨（せっしゅふしゃ）」というお言葉があります。摂取して捨てたまわずという意味です。

仏さまは、どんな人間も、私たち衆生を御手の内におさめとってくださるということです。太陽も月の光も、平等に光を差し込んでくれます。

仏さまは「この人だけに光を」と照らすことはしません。

もう一度、『西遊記』の孫悟空のお話を思い出してみてください。「俺さまは自分の力で生きていく」と豪語した孫悟空はお釈迦さまから遠く飛び出しました。ずいぶん飛んだでしょうか、白い五本の柱のある所に行き着きました。気がついてみたら、その五本の柱はお釈迦さまの指でした。まだ、お釈迦さまの手のひらの中だったのです。

私たちはどんなに強くたくましく生きたいといっても、どこかで落ち度があります。一人では生きていけません。いつも強気でいる孫悟空も、お釈迦さまの中で守られていたのです。

すべての人に「許されて」、私は今、こうして仕事をさせていただいています。

私がしてやっていることは何一つありません。感謝しながら、凡夫のまま生きさせていただいているのです。仏さんは最後の最後まで私を見放すことなく、いつでも傍にいてくださるのです。

47
本当のことを言いすぎると傷つくこともありますよ

「誰にも言わないから、私にだけは打ち明けて――」

しかし、すべて話したからといって、その人との関係が保てるとは限りません。また、話さないことは裏切りになるの？　と罪悪感を持ってしまうこともあります。

ある女性からこんな悩みがきました。その方は大親友の彼と浮気をしてしまったというのです。親友と会うたびに苦しいと訴えます。私は「浮気は続いているのですか」と聞きました。すると「一度だけです。翌日から罪の重さを感じ、それは彼も一緒でした。二度としまいと誓ったのです」と返事がきました。

その言葉を聞いて私は安心しました。「ではこのことは水に流して、心の中で親友に詫びましょう。そして二度としないと誓ったなら親友には伝える必要はないでしょう」と言いました。

すると、彼女から「本当にいいのですか？」と念押しのメールがきました。なぜ私が親友に伝えなくていいと言ったかというと、本当のことを言いすぎると、相手が傷つくことがあるからです。

しかし、誤解をしないでください。「妙慶さんは一度の浮気なら許すとおっしゃっているのですね」と言われそうですが、そうではありません。浮気はその場だけの快楽であって、周りの人を傷つけます。しかし人間です。欲望に負けることもあるでしょう。酔いからさめた時、心から詫びることができるのか、これ以上、彼女を傷つけることがないのか、そこが大切なのです。

告白しました、ハイ、これで罪が解消されました！　などというお気楽で、自分勝手なことでは、あなたの罪は消えませんよ。

ある方から「万引きしてしまいました。店の人に言わなくていいのでしょうか？」と聞かれたことがあります。それに対しては、「すみません！」と詫びて商品を返しましょうと伝えました。

あしなが育英会編による『自殺って言えなかった』（サンマーク出版）という本を読みました。その中で、斉藤勇輝さんは中学二年の時、お父さんを自殺で亡くしたという話が載っていました。しかし、斉藤さんの家族みんなは、お父さんの死を、「自殺」と信じたくないし、ほかの誰にも言えないし、お互いに、そのことに触れることさえできなくなってしまったそうです。

そんな中、斉藤さんは育英資金をもらって学校へ通いました。その関係で、夏休みに、同じ境遇の人たちが集うある会に参加したそうです。自己紹介をする時、斉藤さんはお父さんの死について、「交通事故で死んだ」と、嘘をついてしまいました。その時、傍にいた男性が「誰でも言えないことがある。言えないのを、無理して言わなくていい」と、声をかけてくれたそうです。

そう声をかけてもらった時、彼はこのままではいけない、本当のことを言わないといけないと、そう感じて、その集いが終わろうとしたその時、自分からみんなに向かって、「本当のことを聞いてほしい」と、お父さんの自殺を、初めて話すことができたそうです。肩を抱き合って、泣いたそうです。

斉藤さんや家族の方みなさんが苦しんでおられたのは、いったい何だったのでしょうか？　世間の人々の偏見や誤解の中で、お一人おひとりが、これからどう生きていったらいいのか苦しんでおられたのでしょうか？　あるいは、お父さんの「自殺」ということをどうしても信じられなくて、そのために苦しんでいたのでしょうか？

斉藤さんご自身は、「誰でも言えないことがある。言えないのを、無理して言わなくてもいい」と、声をかけてくれる人がいた、このことに、心が開けて本当のことが言えたのです。無理に言わなくてもいいと受けとめてくれる人がいて、初めて、何で苦しんでいたのかということが明らかになったのです。

悩みにも、人に言えることと、言えないことがあるのです。

48 感謝の心が「しあわせ」につながっていくのですよ

心に余裕がないと「周りなんてどうでもいいの！　私が幸せになるにはどうしたらいいの」とおっしゃる方がいます。しかし、私一人の幸せはあり得ません。だって人間は一人では生きていけないからです。

幸せは相乗効果なのですよ！　あなたは意味があってこの世に生まれてきたのです。人として生まれた意味を問い、その意味を周りの人にも向けていくという課題を持って生まれてきたのです。

私たちは誰しも幸せでありたいと願います。しかし、その幸せが何かもわからずに漠然としたものを追いかけてはいないでしょうか。

では、本当の幸せって何だと思いますか？　私たちは幸福という字をよく使います。「こうふく」とか「しあわせ」と読んだりしますが、この幸福という字は、実はお経の中には無い言葉なのです。

本来の「幸」という意味は、山の幸、海の幸というように、「めぐみ」を意味します。

では「しあわせ」とはどういう字を書くのでしょう。それは「仕合わせ」と書きます。仕える人に合うという「出会い」のことです。そして、その出会いにより、私という人間が発見でき、生きる道が開かれ、その時、初めて「仕合わせ」と言えるのです。

しかし、私たちは人との出会いに幸せ感を抱くよりも、どちらかというと、金儲けできた、おいしいものを食べた、異性にもてた、宝くじが当たったといった、自分にとって利益になる達成感が幸せと思ってしまう傾向が強いのです。

しかし、それらのものは、時期がきたらすべて変わっていくものばかりです。諸行無常です。大切なのは、人と出会い、言葉と出会い、信心を持った時です。物質的な豊かさではありません。心の豊かさを得られたことこそが本当の「しあわせ」なのです。

信心は自分の力ではつくれません。頭で持とうと思ってもできないことです。それは、仏さんからの願いを聞いていくこと、つまり仏法にふれることなのです。

仏さんの教えをいただき「そうでした、そうでした」と頭が下がるということなのです。

心に残る多くの法話を残された山本仏骨（やまもとぶっこつ＝大阪市東淀川・定専坊十六世住職、一九九六年没）という方はこんな話をされました。

「横綱と百ぺん相撲しても、諸君は一度でも勝てると思うか」

「……」

「（だったら）阿弥陀さんと智慧くらべをするな、負けて本願に帰せ」

ここでいう「本願に帰せ」が、「そうでした、そうでした」と頭を下げることです。

さらに、仏法というのは「仕合（しあい）に負けて、仕合わせになる」のである、とおっしゃったそうです。面白い表現ですね。

相手から学ぶということは相手に対して頭が下がるということです。「私は何もわかってなかったな」と学ぶことです。

豊という字を見てください。上は曲がると書きます。自らが曲がり、相手に寄り添ってこそ、あなたの心が豊かになり、周りも豊かになり幸せになっていきます。そして「あなたに出会えてよかった」と思えるのです。そして、さらにあなたが一生懸命生きるその姿に、人は救われるのです。

あなたは周りの人を幸せにする要素を持っているのです。そのためには、いつも頭を下げていきましょう。どんな時も「南無阿弥陀仏（なむあみだぶつ）」とお念仏を称えましょう。その心が幸せへと導いていきます。

しかし、ここで知ってほしいのは「しあわせ」なことが実感できるから感謝するのでしょうか？　ということです。そうではありませんね。

すべてに感謝できる心が「しあわせ」につながるのです。その心が豊かとなり、あなたを満足させてくれるのです。

あとがき

今から十五年前、実家である北九州の西蓮寺へ帰り、どうしたら僧侶として自立できるのか、つぶれかけていた寺をどうしたら復興できるのかを考えていました。しかし、何をしても空振りの連続でした。そんな時、親鸞聖人が救われたお言葉「浄土宗の人は愚者になりて往生す」が私の耳底によみがえりました。

「そうや！　賢くなるのではない。どこまでも目の前の人の声を聞かせていただいたらいいのだ」

自分の気持ちを伝えることばかりに気をとられていた私は視点を変えました。地域活動の一環として命をテーマに芸術展を開催したり、ネット上の日替わり法話を更新したりして「人と関わる」ことを続けました。すると、毎日のように悩みメールが寄せられてくるようになりました。今では毎日二百通のメールが届きます。

たまたまヤフーの人名検索で一位になったことから、出版社のお声かけをいただき、本を出させていただくことにもなりました。また、講演会の仕事がひっきりなしにくるようになり、雑誌、新聞の連載もはじまりました。

でも、人間というものは勝手です。忙しい仕事が続くと、今度は「自分の時間がほしい」と思うようになります。そして、そんな中、縁があって京都の正念寺へ嫁がせていただきました。

義父は、嫁いだ私に次のように言いました。「私も僧侶の仕事が嫌で仕方なかったんや。しかし、お寺を継がないといけなくてね」。義父も現実から逃げられず、嫌な思いでいたのでした。でも、逃げれば逃げるほど、その嫌々が待っていたかのように追いかけてくるのでした。そして、生涯を問い続ける職業になったのでした。不思議なことです。

今、私は、仏法を中心に生きなさいと親鸞さんから言われているように感じます。

大学院の研究室に残ること、アナウンサーとして成功することなど、私の希望したことは与えられませんでしたが、与えられなかったことで、私は大きな学びを与えられました。仏法に出会ったのです。

もう執筆はやめ、そろそろほかのことを楽しもうとした時に、教育評論社さんから連絡をいただきました。また大きなプレッシャーが私に襲いかかりました。そこで「今は忙しくお受けできそうにありません」と断りました。しかし「いつまでも待ちます」との返事に、何ともいえない安堵感をいただいたものです。

自分の人生を振り返ると、今、私に生きる希望をくださっているのは、親鸞さんのお言葉です。それをそのままお伝えしたらいいと書かせていただいたのがこの一冊です。ふたたびペンを取ることにより、改めて親鸞さんと出会わせていただいたようです。またもや与えられたのですね。

最後にこうして執筆の機会をいただきました安達一雄さん、この本に関わってくださったみなさんに心からお礼申し上げます。

そして、この本を手にとってくださったあなたにご縁を感じずにはおれません。

仏法ひろまれ。世の中安穏なれ。

平成二十二年　初秋の京都にて

川村妙慶

妙慶尼さんの元気エッセイ

こんな時親鸞さんなら、こう答える

「思い込み」を捨てる48のヒント

二〇一〇年九月二十九日　初版第1刷発行

著者　川村妙慶

発行者　阿部黄瀬

発行所　株式会社教育評論社
〒一〇三―〇〇〇一
東京都中央区日本橋小伝馬町二―五FKビル
電話＝〇三―三六六四―五八五一
ファックス＝〇三―三六六四―五八一六
http://www.kyohyo.co.jp

印刷製本　株式会社シナノ

ISBN 978-4-905706-54-0　C0015
定価はカバーに表示してあります。